西藏与西藏人

XIZANG YU XIZANG REN

沈宗濂 柳陞祺 著
柳晓青 译 邓锐龄 审订

中国藏学出版社

沈宗濂 毕业于美国哈佛大学经济系，曾任国民政府外交部总务司司长，后任职于蒋介石侍从室的军政部门。

1944年，抗日战争最艰苦、关键之时，蒋介石委派年约50岁的沈宗濂为特使，但名义上仍旧是蒙藏委员会驻藏办事处的处长，去接替第一任处长孔庆宗，经印度去西藏密切中央与西藏地方政府的关系、抵制英帝对西藏的侵略，并拟修建通向云南、四川的公路，以便运送抗日物资。

沈宗濂不辱使命，在藏一年零四个月期间，通过宣传抗日的重要性，交往西藏僧俗官员、贵族，结好英印、尼泊尔、不丹、锡金等国驻藏代表及人员，关怀汉、回、藏名商大贾、手工业者、一般平民等，扭转了中央与西藏地方政府僵持不和的局面，密切了与各方面的关系。又劝导西藏派代表于1946年初去南京，祝贺抗日战争胜利，以及参加国大代表会议，并最后悄悄带走了达赖喇嘛的二哥嘉乐顿珠去南京学习，密切了与达赖家族的关系。这使英帝驻藏代表为之惊异，并忌恨不已。

沈宗濂虽身回内地任职，仍身兼西藏重要职务，许多要务均经沈宗濂呈报蒋介石或中央。

西藏亲英、美的分裂势力，于1949年发动七月八日驱汉事变后，沈仍筹集一批资金带去印度，交时任蒙藏委员会驻藏办事处的处长陈锡璋发放，解决拖欠驻藏工作人员的工资、路费、补贴等待遇问题，使这些人得以顺利回归。

沈宗濂回南京后仍任高官，1948年前后，曾任上海市秘书长或副市长。后移居美国，与早在美国居住的妻儿相聚。于1953年在美国的斯坦福大学出版了与柳陞祺合著的《西藏与西藏人》一书。

（陈乃文 提供）

柳陞祺(1908～2003年)　浙江兰溪县人。著名藏学家。1925年受反帝爱国思想影响，考入光华大学，就读于英国文学系本科。毕业后进入国民政府财政部所属盐务管理局任英文助理秘书。抗日战争爆发后，转赴后方，1940年到光华大学成都分校执教英文，从讲师晋升为副教授。1944年进藏任蒙藏委员会驻藏办事处英文秘书。1949年新中国成立前夕，辞职离藏赴印，受聘于印度国际大学中国学院任名誉研究员，研究藏学。1952年底离任返国，在中央民族学院研究部继续从事藏学研究，1958年转至中国科学院哲学社会科学部民族研究所工作。

1957年与王静如先生合作编写出我国第一部用全新观点撰写的藏族历史讲稿《西藏历史概要》。随后，与王辅仁先生和常凤玄先生合作编写出内容更丰富的《藏族简史》。1963年至1964年先后撰写了《西藏喇嘛教的寺院和僧侣组织》和《西藏喇嘛寺庙与国外关系述略》两本著作，并有大量的藏学论文问世，为创建我国藏学史学科做了大量工作。同时培养了一代藏学家，为我国藏学事业的发展奠定了基础。

由他执笔(与沈宗濂合作)用英文撰写的《西藏与西藏人》一书(在美国出版)，是第一部中国人用英文向世界介绍西藏历史、社会、风俗的著作。

expanding its circumference much farther is the ethnic boundary of Tibet. All along the east the Tibetans stray far from their base west of the Ming Kiang river to the Chentu plain in the heart of Szechuan. Southward they cross the Himalayan barrier and constitute an important part in the populations of Bhutan, Sikkim, and Nepal. Along the Himalayas westward, they sprinkle the hill districts of Garhwal, Kulu, Spiti, Lahul and Ladakh. Both geographically and ethnologically the western boundary of Tibet should be the pass Zo-Gi-La, 11,580 feet high, which is considered the lowest of all Himalayan passes and is situated little more than 35 miles east of Srinagar, capital of Kashmir. All the valleys east of the Karakoram and Baltistan are inhabited by Tibetans. Many mountains in this district bear Tibetan names. Lying toward the east of the Karakoram are large tracts of no man's land. Farther east is the immense Jang-Thang, meaning the "Northern Plain," where Tibetan and Mongol nomads mix. Pushing north-east along the Yellow River bend, they settle as far as in the district Am-Do, flanked by those two important outposts of Lamaism, the Kum-Bum and La-Brang monasteries.

Politically, the effective control of the Lha-Sa administration extends over an area roughly one half of that described above. Starting clockwise from the northeast, its boundary runs well south of Jye-Kun-Do, an important trade center of Chinghai province. All regions to the northeast are part of Chinghai. Lying to the southeast of Jye-Kun-Do is the important Der-Ge principality astride the course of the Kinsha Kiang, the "River of Gold Sand", or the upper Yangtze. By a local treaty signed in 1933, the north-south course of the river demarcates the province of Sikang to the east and Tibet to the west. Farther south, the border touches Yunnan and then bending westward extends to Ri-Ma. The region from Ri-Ma on the upper Luhit, an eastern affluent of the Brahmaputra, to the bend of the Tsang-Po is inhabited by roving bands of "Lo-Pa", who are mostly independent. "Lo-Pa" is a term the Tibetans apply summarily to all the backward natives occupying the hilly tracts east and west of the bend

柳陞祺先生手稿之一

a important lay office Tsi Khang. Tsi Khang, for being in charge of taxations, which means Finance Office is, similar to its opposite number Yi Tshang, the Secretariat Office, in the ecclesiastic arm, the starting point of a lay official career. It is under the joint charge of 4 Finance Officers called Tsi Pon and has a purely secular staff. The most complete list is kept there of all official or private estates of the Ku Dra families as well as the estates of the government.

The heir apparent of any Ku Dra family between the age of 10 and 20 who has received some private education may be admitted to the Finance School which is attached to the Finance Office. He is supposed to have already mastered the rudiments of a literary education essential for a son of nobility, and his main study now is Tsi which literally means arithmetic. Hence he is to be named a Tsi Trhu Pa, student of arithmetic or finance. He puts on a uniform comprising a dark woolen gown with a pair of boots to match and a queer yellow velvety hat like an upturned saucer which is mysteriously fastened on top of his long queue. Dangling behind from his red silk waist-band are a long scarlet brocade bag, a pair of smaller kidney-shaped embroidered pockets and one cloisonne case for holding a pair of ivory chopsticks and a pen knife. This waist-band, a curious mixture of Chinese Tibetan fashion, has for some unaccountable reason become an emblem for all Tibetan government employees high and low.

There are now about 20 families amongst the Ku Dra class who enjoy a specially honourable position. The sons from these families are known as Sai Nam Pa. When a Sai Nam Pa enters the Finance School, he is allowed to fasten a small roundish metal amulet box on his queue as a mark of distinction. The Tibetan amulet box, always a beautiful object of art, is called Ga Wu and is a necessity for the rich or poor without which a Tibetan will never venture on anything worth mentioning. But while every Tibetan may carry one the way he likes, no one is allowed to wear it in his hair as a government official does. Despite their being juniors, the Sai Nam Pa group occupies in all public functions a place next to the 4th rank officers.

The Tibetan arithmetic is a science perfected as late as the 18th century. They use a counting machine which is composed of a wooden tray and a queer assortment of waste materials like broken pieces of china, little twigs, small stones, dried peas and peach stones each standing for a numerical value. Before the counting starts, all are heaped in one corner. Then by moving them about according to certain rules which they

柳陞祺先生手稿之二

序　文

邓锐龄

碧蓝、皎洁、一望无际的晴空，澄明如水、清新微寒的大气，广阔的牧野，峭拔的群山，平顶的楼居，庄严的佛寺，纯朴敦厚的农民，身披绛色袈裟的僧侣，穿戴华丽衣饰的贵人以及种种独特、多彩的节日庆典、风俗习惯，都是古来从内地去过西藏的旅人难忘的记忆。但是能够笔之于书的毕竟不多，远者如公元第八世纪杜佑纂辑的《通典·吐蕃》，降及第十八世纪成书的《西藏志》，这样相当全面地记述拉萨或雅砻河谷的历史地理风土人情的著作，更是屈指可数。惜其目的本为供从政者参考，故内容不免简单，文风也平实，同类中只有新旧《唐书·吐蕃传》，近代曾被译为外文，也同样仅供历史学者阅读引用，因而西方远古传说这片高原上充斥着掘金蚂蚁、登临彼土就情不自禁地怡悦，到近代又普遍地把它看成一个封闭着的世外桃源、从来没有探访过的禁区，对它的历史由来和生活实际，一直有种种误解曲解，也就不足为奇。因此，由我们用外文以富有个性的风格，完整、真实地向世界人民绍介西藏，实有必要。沈宗濂、柳陞祺二先生的这本书，可以说开创性地率先完成了这一使命。

正如一切现实的描述终于成为史料一样，沈、柳二先生的著作是1944年到1949年间身居西藏，依据目睹耳闻的现实及所见到的中外文献写出的。事物已过去了六十年。既然一切历史都是现代史，这本书的部分内容已成为今日经历巨变、突飞猛进中的西藏的最好的参照物。整体看来，由于其可读性强，仍然是愿意认识西藏过去的人们的很好的入门书籍之一。

过去，清代本派有驻藏大臣驻拉萨，行使主权。辛亥革命，大臣撤离。民国成立后，西藏长期对历届中央政府采取一种若即若离的态度。1940年，正在抗战期间，国民政府在拉萨设立了蒙藏委员会驻藏办事处。1944年，以沈宗濂任处长，柳陞祺任英文秘书。这所办事处只有十几个人员，主要工作是积极联络团结西藏僧俗上层，促进他们向心中央。那时拉萨有英印政府的代表团，江孜、亚东驻有英印的商务代理，所以英文秘书职关重要。但沈宗濂在藏仅一年半，而柳陞祺一直留到1949年6月，在藏五年。一个月后，全处其他人员也被迫离开拉萨。此后柳陞祺侨居印度，用英文写成此书。因为他早于1930年毕业于上海光华大学英国文学系，而沈宗濂曾在同一大学里教过书，又写信约他入藏，二人之间有着前后辈和上下级的关系，故后来他将书稿寄去美国交沈阅定，1953年发表。

柳先生入藏的动机，如他的自述：“想到这个一般人去不了的地方，生活一段期间，而后写出点东西来，最好是一本书，岂非一举两得”。他设想的这本书是一种新闻报道之类的读物，说：“这是我当时的最高理想，根本没有考虑到应该把西藏作为自己深入研究的一个方向。”殊不料不仅写成这样一本结构完整价值甚高的书，而且从入藏以来，中经旅印、回国，西藏历史研究一直成为他长亘六十年的事业，直到以九十五岁高龄与世长辞。病重时还朝夕不懈地思考着西藏问题。

这本著作的特点是取材于实际。他在西藏期间，研读了大量文献，学习了藏语文，接触了官员、僧人、民众，进出于佛殿、寺庙、府邸、里巷，随时记下所见所闻所思，积累了若干卷用英文写的笔记和日记（三大本日记在“文革”中被查抄，迄不知去向），这些素材就是著述的依据，将它们剪裁融合，用现代的文体结构、生动的笔墨加以表述，所以无论去过西藏与否，开卷就会感到亲切有趣，引人入胜，没有上面提到的有关古典著作特有的那种枯燥味道。

全书共分六个部分，即自然环境、民族历史、宗教寺院、政治机构、人民生活、年中行事。

自然环境与民族历史构成了时地纵横坐标，这部分基本上根据文献和近代论著写成，也包括作者的经历与感受，特点是准确的高度概括。任何有著述经验的人都懂得，这是相当难于落笔的部分，因讲地理须纵目百余万平方公里的西藏高原及其周边，叙历史须盱衡千载从神话传说时代说到解放，其间重大的项目不能遗漏，还须缩千里于尺幅，要言不烦，既给予初学者以基本概念，又供应专家们以复习提纲。看来作者轻快自如的谈话的后面不知预先作了多少年的准备，下了多么大的艰苦功夫。

如果说地理和历史的材料还可以在书斋里找到，下面的宗教与政治情况则非亲临其境不能完全真切了解。这两部分内容的公布在当时是创新，在今天仍保存着其学术价值。作者近距离地观察拉萨藏传佛教格鲁派寺院，揭开其神秘的层层纱幕，调查了其组织结构及功能、不同类别的僧人的日常生活、佛典教学的程序与方式、一般僧众乃至活佛的角色形成过程等等。而因办事处的工作接触，又详细地记录了以达赖喇嘛为至尊的地方政府的机构系统，究明其僧俗官衙双重并行而以僧为主的特征，分析了僧侣、贵族与政权的相互关系、决策的程序以及行政司法制度等，把人们习称而尚不深知的“政教合一制”作了深入的解剖。这两大上层建筑，当时是世人遥望而难及的，现在作者由表及里一一透视，告诉大家，确实是很大的学术贡献。

写作以上这两部分难免要使用较多的专词，风格也较庄重，虽然我们似随着作者走入阴暗的护法神殿，同样在摇曳微弱的烛影下瞥见那神秘狰狞的密宗神像，而也仿佛在衙署中碰上那些来去匆匆、戴着红帽、帽边缀满红穗的候补僧官或在辫发上扎着金属护身盒的候补俗官，可是下面关系拉萨人民的日常生活部分，作者的笔却似脱去拘束，充分地显示其文学才能，写来十分生动。

在“与西藏人一起生活”的标题下，我们既走过山麓、嘛呢堆、佛塔、山寺、乡村，遇见队商、香客、好客的农夫农妇、矜持造作的头人，又走入拉萨城市，交结了贵族、僧俗官员、商人、手工艺者和平民，极难得地旁观了达赖喇嘛在布达拉宫的早朝，出席了豪家私邸夜以继昼的宴会，应邀参加了寻常百姓家的婚礼，了解了贫富阶层的衣食住行、精神寄托以及这个等级分明的社会里从庆祝诞生到安排丧葬的繁琐仪节。作者观察入微、刻画精细，文笔极尽华丽多姿的能事。

全书的最后以报道拉萨市民一年四季的行事结束。这是一轴徐徐展开的绚烂夺目的民俗画卷，是《东京梦华录》的藏文版，是活动中的社会的录像，是历史的横向的叙述。它先绘出拉萨的地图——环行全城的转经路、布达拉宫、龙王庙、大小昭寺、八廓街等等，然后尽情描写在这里一年到头的节日娱乐，从春天畅游龙潭开始，历数自季春到盛夏的吉曲河畔的野餐节、夏秋之交的雪顿戏剧节、浴水节、初冬的燃灯节、新年庆典和聚集千万僧人历时二十一天的大祈愿会等等，从充满诗情画意的仕女游春说到宗教队伍的喧阗行进，绘声绘色，给读者留下深刻的印象。

全书的优点如此突出，以故自 1953 年美国斯坦福大学出版以来，常为西方作家所参考引用，但在我国国内却一直默默无闻，流传不广。即以著者柳陞祺本人论，也极少向人提起它，甚至避之唯恐不及。固然这与先生淡泊名利，厌弃炫学，“遁世不见知而不悔”的性格有关，可是我们还应该考虑到 1957 年后长达二十多年的极“左”思潮对人文学科的严重伤害，使许多学者包括柳先生在内，尽力远离语言陷阱。在“文革”年代，用英文写书就足以构成一条罪状。更无论书中的先天的缺点，譬如，凭全书的客观记叙足可判明西藏是类似欧洲中世纪的封建社会，尽管作者已在书中对劳动人民寄予同情，欣愉地欢迎西藏的和平解放，甚至为将来的社会改革预拟方案，但未用浓墨重彩加以渲染。又如英文的 Chinese 不应理解为专指汉族，而“西藏”一词自 18 世纪以来仅指金沙江以西的藏族地区，与英文 Tibet 概念的外延大相径庭，这本是他原有的观点，并由他发表的论文一再阐明；可是那时受到书的结构要求和语境的限制，未能畅抒己见，多加阐释，这些都易受到诘责而百喙难解。事实是，每人各自有走过来的道路，本应依一定的历史环境来认识别人，苛刻责备，随意上纲，恰恰违背了历史唯物主义者的起码的道德标准。

从 1960 年我初识柳先生到他逝世，四十多年间，我们情谊甚笃，可以说是平生风义兼师友。在我的治学的崎岖道路上，他时时给予支持、指导和援助。当计划经济时代过去，我仍倾全力于集体合作的大项目无暇他顾，幸有他邀我合写论文，俾我也能在学术刊物上有所表现，以减轻竞争中的心理压力，这是我永怀不忘的。

在我的交游中，他是一位不慕荣利的纯真的学者。由于早年在藏目睹英印政府企图分裂我国的种种活动，他深受刺激，自此他的学术作品中一直贯彻着维护国家统一的理念，以此为毕生目的，至死不渝。这是我由衷地敬佩的。

先生钟爱的女儿晓青，同我一样，对先生的去世深怀悲痛，在无穷尽的悼念中，她决心把先生的这部书译为汉文并要我将译稿校读一遍，以告慰先生在天之灵。为了表示对先生的感谢，我谨对照原文逐字逐句校讫。我们力求信达，而对于原文风格之典雅华丽很难表达其万一。诚然，译文最多是一幅美丽的绣锦的反面。其中不妥错误之处，希望读者不吝指正。

2006 年 4 月

目　　录

第一部分

展开西藏的地图

初识陌生的西藏

与其他方面一样，今天的西藏在地理上仍然处于模糊状态。从未做过系统的勘察测量，只有几个幸运的冒险家，在经历了与敌视的当局、猜疑的百姓、险象环生的原始大自然的种种较量之后，才最终得以进入这块土地。他们见到的是雄伟的江河和峡谷、终年积雪的山峰和冰川、碧绿的湖泊和荒芜的戈壁、神秘的喇嘛和喇嘛寺，还有野蛮的动物和尚未开化的人群。有些冒险家只触摸到西藏的皮毛便逝去；活着的，历经艰险带回笔记和草图，才使久候的学者得以勾画出现在的西藏地图。

最早提到西藏的文字记载来自汉文史料，即公元前2255年舜驱三苗于“三危”的记事。中国的史学家和地理学家一致认为，“三危”就是西藏高原。后来中国编年史把这个地区归入羌族部落的居住地。

第一个提到地球上这片土地的西方地理学家，是公元前5世纪的希罗多德(Herodotus)。他讲述了一个印度传说：在印度以北为云雾所笼罩的地方，生活着掘金蚁。它们小于狗，大于狐狸。后来，这种富于传奇色彩的掘金蚁被确认为是土拨鼠。这是一种善于打洞的动物，把挖出的土堆成堆儿，其中或许含有金末。也许，指的是披着兽皮蹲在那儿掘金的人。就是今天，依然可以在西藏的北部平原见到这样的动物和人。

第一个有关西藏和西藏地理权威性的记载，出现于公元 7 世纪。当时大唐帝国(618—906)向西扩张，与吐蕃（To Fan）发生冲突。唐朝第一次注意到这个强悍的邻居，不得不与之缔结最亲密的关系。吐蕃(或按第二个字的古音读为“博”)是一个很像英语 Tibet 的汉名。一个似乎言之有理的解释称：“吐”，是藏语“高原”的音译；而“蕃”，是西藏人对自己的称呼。约在 7 世纪的梵文手稿中，西藏被称为博特（Bhota）。英语中的 Tibet 源于突厥语，是两个音节的讹误。

公元 7、8 世纪，唐朝与吐蕃有过频繁的战争，也多次互换媾和使节。新旧《唐书》均有专写吐蕃人的章节，也附带提到该地区的地理情况，如首都拉萨(圣土)的位置和名称，那儿的主要河流藏布也首次出现于此。还提到了一些其他的吐蕃地名，但遗憾的是大多数已无法确认。

正如我们在史书中看到的，吐蕃帝国在公元 7 世纪建立，开端辉煌。但兴旺得并不长久，不到二百年就被内地和世界遗忘了。直到元代(1206—1367)，历史上才又重提西藏，所列举的西藏行政区域是由蒙古皇帝划分的。许多地理名称又一次大有出入，无法考证。但毫无疑问的是，元代编年史家首先使用“喇嘛”一词，后广泛传播，世界这才把喇嘛与西藏联系在一起。当蒙古人进入西藏时，他们看到的不再是一个骁勇善战的武士之国，而是喇嘛之国，或是精神导师之国了。

1245 年，罗马教皇派一个名叫柏朗加宾(Piano Carpini)的人出使东方的大可汗帝国。他听说有个叫吐蕃（Tibet）的地方，和那儿流行的一种可怕的风俗习惯。据他报道，在那儿

“只要任何人的父亲快断气了，所有的亲戚便群聚而食之，千真万确，人们是这么告诉我的。”1253—1255年间，一个天主教“圣方济会”（Franciscan）的教士威廉·德·罗伯鲁克(William de Rubruquis)在去拜见大可汗的旅途中得知，远在唐古特(Tangut)的西北方，居住着吐蕃人。这个民族有着食其逝去的双亲，和用他们的头盖骨做成精美的杯子以表示纪念的习惯。他也听说那儿有许多金子，甚至亲眼目睹了“这个民族中许多畸形的人”。可是，这些报道与中国人在同一时期的记载并不吻合。食人者是不可能成为精神领袖的。我们完全没有必要理会这些说法，不如把它们看作是对藏传佛教密宗的某些行为的夸张，或者宁愿相信，被描述的这些人是与西藏人有关系的某些落后部落，他们住在与西藏接壤的地方。

中世纪最伟大的旅行家马可·波罗（Marco Polo），曾于1275年到1295年在忽必烈(Kublai Khan)的宫廷中逗留过若干年。他描述过吐蕃，其中有更可靠的信息。虽然他污蔑西藏人是“盲目的信徒”、“大盗”，以及“一个病态的人种”，但他也客观地报道西藏人有自己的语言，生活在一个包括八个王国、幅员广大、有许多的城市和村庄的地方。他还说，这些人中有世界上最好的巫师和占星术大师，他们用魔法表演得如此神奇，以至他认为根本无法在书中用适当的语言来描述。

康熙皇帝授命绘制的第一张西藏地图

到此为止，我们所列举的西方作者都是仅凭耳闻而著书立说的。然而1325年，天主教圣方济会的教士鄂多理克(Odorico de Pordenone)，从中国的西北部横跨西藏，于1330年到达欧洲。他称西藏为日博(Riboth)，与一个藏族部落的古音非常相似，他还提到了拉萨古它(Lhasa Gota)。这是第一个亲眼看见西藏的白种人。他说，西藏人住在黑色毡毛帐篷里，却有一个非常美丽而重要的城市叫古它。建筑物所用都是白色石头，有整齐的街道，没有人敢在那儿杀人溅血。这就是对拉萨的一些印象，至今如此。关于啖食逝去的双亲一事，鄂多理克的描述则是：僧侣们把死者的头颅砍下交予其子，其子制成水杯，身躯则被切碎，抛饲鹰和兀鹰。

从14世纪到17世纪，明朝(1368—1644)始终与西藏地方保持着良好的关系。《明史》记载了许多往来于这个喇嘛之地的和平使团，虽然当年的路线还容易考证，但地名却大多混乱不明了。

最早向世界科学地报道西藏地理情况的欧洲人，是两个耶稣会传教士：约翰尼斯·格鲁伯(Johannes Grueber)和艾伯特·多威勒(Albert Dorville 或 D'orville)。格鲁伯神父是北京朝廷的数学助教，1661年被召回罗马述职。当时通用的海路交通因中国和荷兰的冲突而中断，他受命寻找一条通过陆路去欧洲的新路线。他找到的这条“新路线”始于今天青海省的省会西宁，直至拉萨，比横跨黄河源头的那条路更靠西，也更不为人所知。他和他的同伴沿旧路从拉萨经尼泊尔到达印度。他用星盘做出的天文计算，误差只有半度。毫无疑问，这是第一次使用科学仪器测量西藏的土地。

具有远见卓识的康熙皇帝，最早下令科学地绘制西藏地图。主要由两名在北京受过教育的喇嘛负责。1708年至1716年年间，他们广泛地收集资料，勘测了从西宁到拉萨的多山地带和恒河的源头，并于1717年完成了第一幅西藏地图。后来，有人把这幅地图的复印件送给了法兰西国王。学者德·安维尔(D' Anville)就是根据这幅地图于1733年制作了著名的地图集，这个地图集的权威性一直保持到19世纪的50年代初。

从17世纪初开始，天主教传教士便试图渗透进这个异教徒的堡垒。从印度着手，耶稣会士和卡普清派传教士多次尝试在西藏的西部和中部建立传教机构。但由于地方上的反对和难以维持，这些传教机构一个接一个地被放弃了，最后一个于1745年关闭。这里特别值得一提的是耶稣会神父叶普里图·德斯得利(Ippolito Desideri)。他从克什米尔出发，穿过西藏西部，于1716年来到拉萨并住了下来。1721年被召回前，他已精通藏语和藏传佛教理论，而且经常与西藏佛学博士(藏语称“格西”——译注)展开辩论。他确实是西方研究藏学的开拓者，是第一个全面地报道了这个地区的人。他还首先提出了雅鲁藏布江与布拉马普特拉河(Brahmaputra)同为一河，而不是与伊洛瓦底江(Irrawaddy)同为一江的论点。

在卡普清派的传教士中，卡西亚诺·伯利加梯(Cassiano Beligatti)尤为突出，他记载的从尼泊尔到拉萨的路线至今真实可靠。尽管卡普清派的传教士在西藏做过多次旅行，但是他们在地理方面的贡献，却是凤毛麟角，几乎没有几篇文章能编入乔治（Georgi）的《西藏入门》(Aephabetum Tibetanum)一书。

亚洲水域最大河流的发源地

1762 年，齐召南所著的《水道提纲》出版问世，标志着对西藏研究的重大突破。他提出西藏蕴藏着世界上最丰富的水源，几乎所有亚洲的大江大河都发源于西藏。西藏高原从地处东部的黄河，到位于西部的印度河的源头，呈扇面形展开，给东方的主要河流释放出无穷无尽的水源。

18 世纪的下半叶，探测西藏的主导地位渐渐转入西方人之手。他们于 1774 年和 1783 年分别派了两个使团前往西藏，以求打开印度和西藏的通商之门。第一个使团以乔治·波格尔（George Bogle）为首，直取西藏与印度间最常走的道路。这条路经过卓木河谷(Dro – Mo Valley)，卓木是西藏属地，突出于喜马拉雅姊妹国锡金和不丹之间。第二个使团在塞缪尔·特纳尔(Samuel Turner)的率领下循同样的路线进藏。特纳尔还绘制了一张地图。120 年之后的 1904 年，荣赫鹏(Young husband)正是凭着这张地图率领英国远征军进入拉萨的。

1792 年，福康安公爵领兵驱逐入侵的廓尔喀(Gurkha)人来到西藏。这场战役中的一位无名作者收集了许多西藏地理的重要资料，后被编入一部有关西藏的最好的汉文书——《卫藏通志》之中。“卫”和“藏”是西藏的两个地区，它们组成一般所称的西藏中部。

约在19世纪中叶，印度测量局开始在喜马拉雅山北部进行

雅鲁藏布江上的渡船。雅鲁藏布江是西藏最长的河流，流淌800英里后穿越印度边界。

积极的勘察。他们受到此前北京喇嘛勘测队的启发，训练了一批本地勘测技术人员，其中大多是印度人和锡金人。他们被伪装成商人、香客和喇嘛，跨过喜马拉雅山口进行探察工作。其中的几个人，如南辛格(Nain Sing)、克里什纳(Krishna)、厄尔仁(Urgyen)、萨拉特·昌德拉·达斯(Sarat Chandra Das)和金都(Kinthup)，均在他们各自的领域做出了杰出的贡献。

南辛格在1865年到1874年间，曾数次从尼泊尔和拉达克出发，做了几次短途旅行，主要在雅鲁藏布江北部一个所谓的湖泊地区进行了考察，并无可辩驳地确立了雅鲁藏布江与布拉马普特拉河同源的学说。1878年克里什纳绘制了第一个详尽的拉

萨地图，还对西藏东部，包括西康省做了非常精彩的报道。

1883年厄尔仁致力于雅鲁藏布江之南的西藏中部地区的考察，而萨拉特·昌德拉·达斯于1881年奔赴拉萨，继而成为一名最优秀的藏学学者。1880年，金都沿着雅鲁藏布江位于东经95度转而向南的著名大拐弯顺流而下，经过4年的冒险，成功地追踪到阿萨姆（Assam）平原雅鲁藏布江下游的尽头。

19世纪中期，人们见证了一场竞争。许多欧洲人竞相来到这块神奇的西藏土地上探险，其中英国与俄国的角逐最为激烈。

俄国对西藏的东北地区抱有特殊的兴趣。1879年，普热瓦尔斯基(Prejhevalski)成为第一个向世界宣讲西藏北部边境山岳形态学的人。1889年到1894年间由罗布洛夫斯基(Roborovski)和科斯洛夫(Koslov)率领的探险家们，曾数次探险到青海草原、黄河发源地和布拉马普特拉盆地东部边缘。至于对青海湖和该湖南北山脉的进一步考察，是由奥布鲁齐夫(Obrucheff)和科斯洛夫(Koslov)分别在1902年和1909年进行的。

美国学者柔克义(Rockhill)也曾两次从同样的方向进入西藏。1892年他的第二次旅行，被西藏人阻止在青海与西藏的边界，不得不转而向东进入西康省。这样，他因祸得福地考察了一个以前几乎不为西方人所知道的地区。柔克义是研究西藏的学者中的权威人士，他不仅是地理学家，而且通晓汉文和藏语。

许多英国人把位于西陲的拉达克作为探索西藏的跳板。鲍维尔(Bower)于1891年，韦尔比(Wellby)于1896年，从西向东跋涉，穿过被称为“羌塘”的广阔荒芜的北部平原，证实了当地那种具有普遍性的山貌特征：低褶皱和由西向东的走向。更北的地区是由斯坦因(Stein)考察的，1906年至1908年间，他从新疆西部到甘肃作了精密的勘测，因而他的记录使我们对昆仑山脉有了更充分的认识。

与斯坦因考察昆仑山多少有点相似的是，斯文·赫定（Sven Hedin）横贯外喜马拉雅山脉（Trans - Himalaya 对喜马拉雅以北的群山的称呼）的探索。从 1906 年至 1908 年，斯文·赫定八次从不同的地点穿越这个分割南北西藏的分水岭，发现它是一个由不同山脉连结而成的山系。

当然，还有一些人对西藏东部做了专门的研究。两个法国人：都特累尔·德·伦(Durtreuil de Rhins)和法南德·古连纳尔(Fernand Grenard)，勘测了青海—西藏—西康边界的扎曲(Dza - Chu)河的源头，他们是最早发现扎曲河就是澜沧江上游的人。虽然德伦因遇到敌视的当地人伏击被害了，但古连纳尔带回来两人的调查资料，其中包括一些精确的地图。

很多英国人对西藏东部感兴趣，其中以台克满(Teichman)和皮里拉(Pereira)最为著名，他们主要考察的地域在西藏东部靠近印度的地方。1904 年荣赫鹏进军拉萨时，与他同行的赖德(Ryder)和罗林格（Rawling）第一次精确地测量了西藏南部，同时准确地勘察了从西藏第二大城市日喀则以西的雅鲁藏布江流域。他们逆流而上，从西藏西部一带沿萨特累季(Sutlej)河的上游而下直至西姆拉(Simla)。

沿雅鲁藏布江大拐弯，以及雅鲁藏布江散布在阿萨姆(Assam)边缘地区的若干条东向支流这么一大片土地，似乎让印度政府看到了开辟一条捷径的希望，即把它与连接藏、川、滇的东路相交，他们希望占有这一带肥沃的土地和丰富的水力资源。这期间引发了多次当地人的武装袭击。

早在 1885 年至 1886 年的冬季，尼德汉姆(Needham)从阿萨姆的北部沿着布拉马普特拉河东部的一条支流，进入到西藏、缅甸和印度的交界处。1913 年莫斯海德(Morshead)沿雅鲁藏布江大拐弯探索，顺带记下了喜马拉雅的东部高峰南迦巴瓦峰

(Namcha Barwa)。1924 年金顿·沃德(Kingdon Ward)进入同一地区，并于此后的 1933 年深入到南迦巴瓦峰东部更远的地方。其他值得一提的有怀特（White），他在 1906 年至 1908 年间沿西藏、不丹边境进行了探索，以及 1921 年莫斯海德(Morshead)曾沿尼泊尔和锡金北部的西藏边境做过调查。

西藏的三界：
地理的、民族的和政治的界线

从地理上来说，西藏拥有众多的山脉，走向都是从西北延伸向东南。山群间由深浅不一的山谷组成了无数的沟壑，而这块山地又被世界上几个最高的山脉环绕着。无论从任何方向来的旅客，都要先经过外围的那些跌宕起伏的山道，才可到达多风的山口。山口的所在地，常常是分水岭。山口的背后是许多山谷和峻崖，有些还覆盖着植被。往前看，则是另一番地貌，浩瀚的地平线上勾勒出低矮的山丘，令人感到乏味的、光秃秃地裸露着，这就是苍莽的西藏高原。

地质学家告诉我们，这片高原曾经是特提斯海(Thetys)的海底。它可不像台球桌面那么平坦，根本无规律可循，特别是东南部地区。大自然的反常现象，使西康省南北走向的山脉横阻着东西的通道。喜马拉雅山脉沿着南部边界伸展，被冠以富有诗意的名字“雪域”，它形成了不可逾越的边界。遥远的西方，是从巴尔蒂斯坦(Baltistan)向东南延伸的拉达克山脉。另一山脉，即喀喇昆仑山横亘于拉达克山脉的北部。再往北，就是被称为世界上最古老的山脉之一的昆仑山脉。就像喜马拉雅山组成了西藏的南部屋脊一样，昆仑山形成了西藏的北部屏障。昆仑山由两大山脉组成，内脉为阿斯腾塔格(Astin Tagh)，外脉是阿尔金塔格(Altin Tagh)。阿尔金塔格的最东头位于青海湖边，青海湖是青藏高原上最大的湖泊。地理学家从甘肃的秦岭向南，沿岷江到西康省会康定以南的木雅贡嘎(Minya Konka)山划了一条直线，这就标出了高原东部的边缘。

西藏的民族界线与地理上的边界多少有些相似，但其范围要广阔得多。藏人从岷江以西的基地向东迁移，直至远离家乡的四川腹地成都平原。向南，他们冲破了喜马拉雅山这道障碍，构成不丹、锡金、尼泊尔人口中的重要组成部分。沿喜马拉雅向西，他们散布在喀瓦尔(Garhwal)、古鲁（Kulu）、斯必梯（Spiti）、拉合尔（Lahul）以及拉达克这些山区。不论是地理的还是民族的西藏，它的西部边界都在左给拉(Zo－Gi－La)山口，海拔 11580 英尺，被认为是所有喜马拉雅山口中最低的一个。它位于克什米尔首府斯利那加(Srinagar)以东 35 英里稍远的地方。所有喀喇昆仑山脉和巴尔蒂斯坦以东的山谷里都居住着藏人。所以，这地区的许多山峰都有藏语名称。喀喇昆仑以东的大片土地是无人之境。再往东是广漠的羌塘（北方平原）。在那儿，藏族和蒙古这一游牧民族混居在一起。沿黄河拐弯处向东北移动，藏人的定居点远至安多(Am－do)地区，位于此地的两侧是喇嘛教的两座重要前哨寺院：塔尔寺(Kum－Bum)和拉卜楞寺(La－Brang)。

拉萨行政体制管理的范围，大致是上面所述区域的一半。从东北开始顺时针转动，它的边界走向玉树(Jye－Kun－Do，结古都)的正南。玉树是青海省的一个重要贸易中心。处于此线东北方的所有地区都是青海省的辖区。玉树的东南部是重要的德格土司领地(Der - Ge)，该地横跨金沙江即长江上游的两岸。按1933年签署的一份地方协议，以南北向的河流为界，东属西康省，西属西藏。继续向南，这条边界线便触及云南省界，再拐而向西，延伸至日马(Ri - Ma)。日马位于卢喜特河（Luhit）的上游，卢喜特河是布拉马普特拉河东部的一条支流，从日马到雅鲁藏布江的大拐弯一带，也就是雅鲁藏布江大拐弯东西两岸的丘陵地带，居住着一些漂泊不定的土著人(珞巴族 Lo - Pa)。除了卓木河谷(Dro - Mo)从高原伸向南部这样的几个极个别的例外，总的来说，这条界线向西粗略地沿着喜马拉雅山脊伸展。在尼泊尔边界上，汉文、尼泊尔文和藏文这三种文字的界碑依然可见。继续往西是加瓦尔(Garhwal)，其北部传统上是印度和西藏共管地段。萨特累季河畔的边界是什布奇(Shipki)山口，海拔15400英尺，而另一边印度河畔的边界在丹姆确克(Dem - Chok)村。沿着班公措湖(Panggong Tso lake)的边界线走到卢梭克(日土 Ru - Thok)以西，这里是西藏西部最北端的永久居住点。再往北是渺无人烟的荒漠之地，那儿的政治边界仍处于一种不明确的状态。

昆仑山脉形成了新疆与西藏之间的天然边界，只在东经91度处，西藏边界向东缩进一块儿，这一点恰在唐古拉山脉(Dang - La range)的北部。这条山脉的北面是另一片广阔的无人区，它一直延伸到青海湖西南的沼泽地。只有那些属于青海的蒙古游牧部落在这里出没，但也是偶然现象。然后，这条政治边界从唐古拉山走向东—东南方向，直到德格土司领地。拉萨把它的势力扩张到这片领地的西部，其东部则隶属于西康省。

卫与藏——西藏文化的摇篮

历史上，西藏被划分为十三个行政单位，它们又隶属于四个主要的区域，即卫、藏（西藏中部）、康（西藏东部）和阿里（西藏西部）。这四个主要区域的划分，基本上原封不动地保留到今天。

卫的首府是拉萨，“卫”意为“中心”。藏的首府是日喀则，“藏”表示“清洁”，此字源于雅鲁藏布江。这条江贯穿藏、卫，从西向东，形成了西藏的经济命脉。

卫区最重要的城区却不在雅鲁藏布江沿岸，而是在它北面的一条支流吉曲河(Chi－Ch'u)(又称拉萨河)旁。吉曲河流域是现代西藏的文化中心。它的上游有热振寺(Ra－Dreng)，建于公元 11 世纪，是喇嘛教的教派噶当派(Ka－Dam－Pa)的发源地。在富饶的彭波(Phon－Po)河谷中，坐落着达垅寺(Ta－Lung)，它始建于 1178 年，一度是西藏地方宗教和政治的大本营。止贡河(Dri－Kung)流入吉曲河东部的拐弯处，这条河的名字来自一度影响巨大的止贡寺(Dri－Kong－Thee)。该寺建于 1177 年，是噶举派(Ka－Gyur－Pa)的一个重要分支的根据地。随后，吉曲河蜿蜒曲折地绕过拉萨南郊，这里有着著名的三大喇嘛教寺院：甘丹寺(Gan - Dan)居东，色拉寺(Se - Ra)位北，哲蚌寺处西。名声略逊，但同等重要的一对玄学的上下密院，称居托（Gyu - To）和居麦(Gyu - Me)，也在市内。

拉萨的正西，吉曲河的一条南向支流的上游有楚布寺(Tshu - Phu)，是噶举派另一有影响的分支教派的据点，该教派15世纪几乎成功地把西藏地方统一在它的霸权统治之下。

从拉萨向东南方向走三四天的路程，便是西藏最古老的寺庙：始建于公元8世纪的桑耶寺(Sam - Ye)。再从桑耶寺往东北方向走约三天的路程，是神秘的拉姆纳措湖(Lha - Mo Nam Tso)(班丹女神圣湖 Heavenly Lake Goddess Pan - Dan Lha - Mo)。这不是西藏惟一具有圣湖之称的湖，也不是独一无二能启示未来的湖，但它对所有的西藏人却是无可比拟的重要。每当需要寻找一个新的达赖喇嘛转世灵童时，西藏喇嘛教最高层的僧侣就会来到此地，观察湖面上的影像以得知应去何处寻找灵童。达赖喇嘛转世灵童成年之前，也来此隐居学习，以便从女保护神班丹拉姆那儿得到关于他的未来的启示。

雅鲁藏布江的南岸，与桑耶寺遥遥相对，是商业繁荣的泽当(Tse Thang)。按照有些人的说法，那儿的人口多于西康的省会昌都，故而取代昌都成为西藏的第三大城市。不到两英里远的地方，便是南部地区的地方政府长官的总部。泽当位于雅鲁藏布江的一条北向支流，即雅砻河(Yar - Lung Ch'u)的河口处。雅砻盆地是西藏古老文化的摇篮，吐蕃王朝在那儿统治了很长时间之后，佛教才被引入。

雅砻盆地以东是达布(Dak - Po)，一片农业发达的地区，毗邻我们至今了解甚少的雅鲁藏布江大拐弯。在大拐弯的南面，是名为杂日(Tsa - Ri)的圣山，每隔十二年一到猴年，藏人便有组织地来到这圣山朝拜。这时西藏地方政府要派人护送，因为这里是喜马拉雅的边远山区，仍然居住着永远固守隐居生活方式的所谓野蛮的土著人。

西藏境内最长的河流——雅鲁藏布江，流淌八百英里后才进入印度境内。“藏”的西部边界有许多向东和向西的支流。雅鲁藏布江的源头就在这些河流的分水岭附近。

由于很多支流的汇入，雅鲁藏布江在流经藏和卫时水势大涨。如同吉曲河是从北方来的最大支流，并在卫形成主动脉那样，年楚河(Nyang – Ch'u)（美味之水）是从南方来的最大支流，并在藏形成主动脉。年楚河来自不丹北部边境的雪山，流向西北，穿过江孜(Gyants)这个经济文化中心，又在藏的首府日喀则的东北与藏布江汇合。

1904年以来，地处卫藏交界处的江孜成为印度至西藏的商道的终点。一条始于拉萨的路，和另一条来自日喀则的道，在此合二为一，向南与战略重镇帕里（Pha – Ri）相连，这里守护着从卓木(Dro – Mo)河谷，也即从锡金及不丹进入西藏的门户。

日喀则的重要，不仅在于它是管辖这个区域十二个行政单位的高级政府官员的所在地，还因为北面不到一英里远，是宗教与政治的自治中心扎什伦布寺(Tra – Shi Lun – Po)(赐福之丘)的所在地，这是西藏的第三大寺庙。在这里，班禅(Panchen)作为藏区的宗教首领统治着藏区（按照有些人的说法是整个西藏），从而形成了与拉萨的达赖喇嘛集团相对的另一个喇嘛教支柱。像达赖一样，班禅也拥有一个独立的内廷：堪布会议厅，和一套僧俗官员的班子。

藏区的萨迦(Sa – Kya)喇嘛和他可悲的没落王朝与班禅及其内廷略为相似，但其规模要小得多。萨迦喇嘛是萨迦派的首领，他的祖先在13世纪曾统治过整个西藏地方。他的寺院——萨迦寺，至今仍是一个极受尊敬的宗教与文化的中心，位于日喀则西南方向三天路程的地方。

继续往西南方向，是定日(Ding－Ri)平原，从尼泊尔延伸来的几条路汇聚于此。其中一条经过聂拉木(Nya－Nam)（更为世界所知的，是尼泊尔名字的库提 Kuti）的路，就是很久以前带给雪域藏民“圣法”的许多印度大师走过的古道。

藏区还包括雅鲁藏布江北岸向北到外喜马拉雅山脉（Trans－Himalaya）之间的一个宽阔地带。这一地带靠近一个河谷，东边坐落着楚布寺，西边是拉孜(Lha－Tse)。拉孜的重要，在于它是雅鲁藏布江上游水上交通的起点站。从这里，循水路可远至日喀则。至于雅鲁藏布江下游的水上交通，可以从雅鲁藏布江和吉曲河的汇合处，一直到雅鲁藏布江大拐弯附近。似乎不用解释，西藏的航道都是单行线，也就是说只能顺流而下。除了摆渡小船之外（偶尔才用平底木船），用张开的兽皮绑在木架上的小船是最普通的交通工具。小船方形而有浮力，常常在装货物的时候，还带上一头山羊。返回上游时，这头羊的职责是帮人把船带回起始站——当船夫沿河边把小船背回上游起始站的时候，这只山羊被主人牵着，驮着船夫吃用之物。这很像那些悠闲的驮队，在归途上，用一连串的牲畜驮运食品和饲料供人及牲畜路上吃。从这里逆流而上，一直远到藏区的西部边界，在许多不同的地点，有若干个小摆渡可供横渡雅鲁藏布江。羌塘平原的牧民把他们的羊毛、盐、牛油和硼砂，从这些地方跨江运到南藏以换取茶、糌粑和其他商品。

西康和阿里，富饶的东部和荒芜的西部

从东经 93 度至 102 度，北纬 29 度至 32 度之间，有一片广阔无垠的地区，这就是西康。这里典型的特征是山脉走向一概从北向南，而不是从西向东。

由于南北走向的山脉链横加梗阻，长江、澜沧江（湄公河 Mekong）和怒江（萨尔温江）以及它们的许多支流冲击出深深的沟谷，这样的地理条件严重阻碍了西康道路的发展。所以，从内地去西藏中部的几条主要道路，都取道路况良好的北部，在那儿穿过地处高纬度的河流源头，路况比低纬度要平坦得多。但低谷地带的气候更适宜人居住，所以，西康的人口比西藏的任何地方都多。一般适合人居住的条件是在海拔 8000 至 9000 英尺以上，而大多数的山谷底部因过于狭窄而无法居住。由于雨量比较充沛，那儿的部分地区覆盖着茂密的森林。

西康的一部分地区现在是在拉萨的管辖之下。东面从南北流向的金沙江（Kinsha – Kiang）到西面土地肥沃的工布(Kong – Po)；北面从西康省会昌都的郊区，到南面桑昂曲宗(Sangga Churdsong)（察隅境内）的雅鲁藏布江大拐弯。位于澜沧江上游的昌都，被公认为是继拉萨、日喀则之后西藏的第三大重要城市，是一个地方总管的驻地。许多重要的路线都汇集在这里：横跨西康至四川的南北两条路；澜沧江和怒江两江上游之间通往云南的路；取道玉树去青海的路，以及经由工布至拉萨的路。其中，去四川的南路经过巴塘(Batang)地区（今称巴安Baan），这儿是藏区的一片绿洲，有最肥沃的土地，是农业发达地区。这条南路是内地与西藏间最常走的路线。18至19世纪，从康定至拉萨的整段南路上都设有固定的驿站和兵营。就是直到今天，人们仍然在这条路上从事着大量的商贸活动——用内地的丝绸和茶叶换取工布的草药、羊毛、皮货和西藏中部的藏香。

工布地区的东部是波密(Po - Wo)，分为上下两部分。据说这里极其富裕，但西藏地方当局在此仅仅维持着脆弱的统治。相传有个故事：18世纪后期，有五百个内地老兵在这块无名之地迷了路，便决定隐居下来。这伙厌世弃俗的人从此与世隔绝杳无音信了。工布和波密都因流入雅鲁藏布江大拐弯的河流而得到充沛的灌溉水源。

阿里，是位于西藏西部的一片辽阔而人烟稀少的高原，与拉达克和克什米尔(Ladakh and Kashmir)相邻。目前这个地区主要包括北面班公湖(Pang - Gong Lake)畔的日土(Ru - Thok)；南面马纳萨洛娃湖(Manasarowar，即玛旁雍措湖)之南的普兰(Pu - Rang)；和西面萨特累季河(Sutlej)上游的托林(Tho - Ding，即扎达)。

阿里的首府是噶达克(Gartok，即革吉)，简称为噶尔(Gar)，意为帐篷。那儿只有一所孤伶伶的房子，是总管的官邸。许多传说谈及阿里。早在13世纪，这里曾是西藏佛教复兴的发源地，可如今竟没落到如此卑微的地位，其首府竟被冠以一个不敬的名字——帐篷。无独有偶，地方长官的头衔噶本（Gar -

Pon），也是帐篷长官之意。虽然不太好听，但这确是一个恰当的称呼。因为这里举办的定期集市，有时会引来两千多人，到时遍地布满了帐篷。来自羌塘（Chang Tang，北方平原）的强壮而粗犷的北方人，裸露着古铜色的胸膛、肌肉发达的手臂，与拉达克人、克什米尔人、尼泊尔人以及印度北部山地居民摩肩接踵，熙熙攘攘。两个最常举办这种集市的地方，是地处萨特累季河源头的普兰（Pu－Rang）和噶尼玛（Gya－Nyi－Ma）。政府沿雅鲁藏布江流域修了一条路，将阿里和藏、卫联结起来。

印度河与萨特累季河皆发源于这个高原的腹地。印度这个国名就是从印度河（Indus）衍生而来的。印度河的源头在开拉斯山（Kailas，即冈仁波齐峰）的北部，这是一个终年积雪的山峰，可以俯瞰南面的玛旁雍措湖。萨特累季河的上游是穿过什布奇山口（Shipki pass）通往印度的一条捷径，这条河的源头在玛旁雍措湖的东方。

玛旁雍措湖绿松石般的水面倒映着终年积雪的冈仁波齐峰。香客们认为，这是西藏最神圣的地方之一。这湖，这山，对印度人也具有同样神圣的意义。在印度教徒和佛教徒的宇宙观中，冈仁波齐即须弥山，是我们生存的世界围绕运行的宇宙中心。据说，此湖是梵天（Brahma）的灵魂造就的，由此得名马纳萨—撒洛瓦拉（Manasa－sarowara）。印度和西藏的传说中，都有湖上出现圣像的描述，许多诗人和香客都热情地颂扬、顶礼膜拜这一绝无仅有的仙境。

在西藏地图上，我们能看到用大写字体标出的“羌塘”地区，它几乎占据了整个图面的三分之二。如果人们通过这片平均海拔 15000 英尺，被狂风掠秃的高原进入西藏，就可以身临其境地感受人类从原始到文明的进化过程。这里，会戏剧性地重演历史经历的各个发展阶段。首先，映入眼帘的是一片贫瘠的土地，然后见到的是居住在山洞里的猎人，接着是带着帐篷、赶着牲口到处迁移的牧民，再后来，是孤零零的住所附近的庄稼汉，最后是繁华都市里的现代人。昆仑山与唐古拉山之间的荒漠地带，几乎没有产生文明的可能。由于几个世纪的干旱，这里云集着无数干涸的湖泊，星罗棋布地形成了一个多湖的盆地。这是亚洲特有的一种盆地，没有通向海洋的出口，近似于波斯、阿富汗和新疆及蒙古同类的盆地。这样的盆地显然是由于严重缺乏雨水，导致湖水耗尽却无以补充而形成的。大多数这样的湖是盐湖，盐壳覆盖在湖岸表面，其中含有盐、硼砂和碳酸钠，这些沉淀物为当地的贸易增加了重要内容。有些湖，因彻底干涸而变成盐坑。

大江大河的发源地就在这块多湖的盆地的外斜坡上。除了上述已经提到的许多河流以外，黄河（中国的悲哀）发源于唐古拉山脉的东部边缘。山脉南面开始有人类活动，越接近外喜马拉雅山脉和雅鲁藏布江，人烟就越稠密。唐古拉山和外喜马拉雅山脉之间有几个西藏较大的湖，如著名的纳木措湖（Nam Tso）（天湖），它的面积仅次于青海湖。纳木措湖的东北，是那曲卡（Nag－ch'u－Kha）（黑水之口），这里有地方总管的官邸，这个要塞守卫着从北方进入拉萨的一切通道。

与西藏大部分地区不同，卓木河谷（Dro－Mo）土地肥沃，它从喜马拉雅山脊向南伸展。从这个门户进入西藏，就是从最诱人的一面来认识西藏——美丽，但却是误导。走近山脊，眼前的一切突然面目全非，繁花似锦的山谷和长着茂密森林的山坡，瞬间便让位于寸草不生的峡谷和裸露的群山，这才是西藏高原的真实面目。在西藏，只有至今几乎没有被考察过的雅鲁藏布江大拐弯同卓木河谷有些相似。这两处均是花卉专家和植物学家采风探奇的地方。

决定西藏气候的主要因素，是纬度与高度两者在一定程度上的相互作用。假如西藏能够移动一下，比如说，向北移 15 度，那么即使不是整个地区，大部分西藏就将处于冰点以下。而如果西藏的高度与海平面一样低，它又将被夏日的热浪烧焦，就像埃及和波斯那样。事实上，雅鲁藏布江盆地的低谷地带和西藏东部，在一年的大部分时间里都有着出乎人意料的宜人天气。但总的来说，西藏的气候是严酷的。在那些得不到印度季风调节影响的北部和西北部，气候变化很大，有时气温高达华氏 48 度，有时暴风雪持续长达一个月。此后，又会数月没有一滴雨。狂风一来就飞沙走石。但只要太阳一出来，就如在热带那样的灼热难耐。

在差异如此巨大的这片土地上，可以看见在不同地理条件和不同气候条件下生存的动物、植物。羌塘有数不胜数的山羊和绵羊，羊毛出口居西藏首位。其次是牦牛，一种长毛强壮的牛，牦牛的尾巴和皮革也是出口的重要物资。驴和马杂交而生的骡子，散落在整个高原上。具有重要经济价值的野生动物獐子，生活在喜马拉雅的丛林和荒芜的高原上。目前西藏是全世界麝香的主要出产地。西藏也是盛产皮毛的地方，特别是石貂皮、猞猁皮、雪豹皮、狐狸皮和水獭皮。其他的常见动物有黄鼠狼、野兔、羚羊、狼、土拨鼠、鹰、秃鹫、隼、猫头鹰、秃头鹅、黄鸭、红嘴山鸦和普通的乌鸦。在西藏东部，还发现过稀有动物——大熊猫。

西藏的土壤呈淡褐色或灰色，依其腐殖质含量而色彩不同，土质非常贫瘠。这里是淤积土壤，它的母体物质是被风刮来的覆盖在砂砾石和鹅卵石上的沙土。最适合本地生长的谷物是大麦。稻子和小麦只生长在地势较低并温暖的地区，而且产量有限。所以这两种粮食只能用盐、硼砂，或用羌塘的羊毛从尼泊尔、锡金和不丹通过易货才可得到。

当地的矿藏还未经探明，以许多源于西藏的河流像长江和印度河都含有金砂这一点来看，就有理由设想西藏富有金矿。我们已经知道这里还蕴藏着铁、铅和煤，有些地方据说发现了石油，可是没有任何系统的勘探。西藏丰富的矿产资源仍是一个值得探讨的话题。

第二部分

回顾西藏的今昔

藏族的起源：
猕猴王和岩魔女

西藏人和其他人群一样，有关于创世的神话。其中有一个宇宙蛋的故事。讲到原始初期，凭空出现了一枚宇宙蛋，五个月后，它突然破裂，于是有了太空、热浪、火焰、海洋和山脉，还从最核心处走出来一个人。

这可以算是人，也可以是蛇或龙等什么动物。有人说，她是雌性的蛇或龙，也有说他是雄性的。无论如何，她或他是天造的第一个具有人性的生物，也就是西藏人的祖先。

这个类似物种起源的神话，似乎有点佛教以前的原始信仰的味道。与这个神话相反，另一个有关西藏人是猕猴王和岩魔女的后代的传说，就显得更加原始、更加本土，还带有深奥玄妙的佛教色彩：从前有个猕猴，它是西藏的保护神——慈悲佛观世音（Avalokitesvara Chen – Re – Zi）的弟子。他被观世音派到雪山去静修。后来，一个岩魔女化身为美女引诱他，但无论她如何施展女人的魅力，都不能动摇猕猴隐士圣洁的信念。无奈之下，她玩弄起一个狡诈伎俩，哭诉道：如果不拯救她，她就别无选择，只有和恶魔结婚。那样的话，她将一代一代地孕育男魔女妖，这些妖魔将捕食雪域上的一切生命。出于深深的怜悯和慈悲胸怀，猕猴终于被打动了。他向保护神征求意见，观世音菩萨赞许了他善良的动机，并祝福他。就这样，猕猴和岩魔女结了婚，生了六个子女。为了培养他们自食其力，猕猴父亲把他们带到了果树林，让他们留在那儿以水果为生。若干年后，当猕猴父亲再去探望这些子女时，大吃了一惊：他的子孙已成倍繁衍至五百名之多！不仅如此，他们已受用了所有的水果，正面临着饿死的威胁。猕猴王不得已又一次求助保护神以得良方。观世音菩萨对这些食不果腹的孩子大施慈悲，让猕猴王从须弥山采摘了五种谷物的种子回去播种。这些种子生根、发芽、结果，而那些类人猿就以谷物为食。这不但解决了他们的温饱，还出现了奇迹：他们的尾巴和身上的毛发越来越短，并逐渐开始说话，还用大麦和小麦做成食品，用树叶遮掩身体。总而言之，他们进化成了人。由于他们是圣洁的猕猴王和妖媚的岩魔女的后代，他们既从父亲那儿继承了坚忍、虔诚、宽容、勤奋、仁爱、谈吐高雅和善于雄辩这些美德，也从母亲那儿遗传了贪婪、好交易、淫欲、固执、轻浮、性情暴躁和无教养等恶习。正因为如此，你的西藏朋友会向你解释，这就是为什么这块圣土上的儿女和其他任何地方的人一样，不是那么完美无缺的。

据说这个故事源自雅砻平原，后来这个重镇又被称为泽当。传说由于猕猴王看到他的子孙后代已衣食无忧，就教他们在平原上做游戏。而“泽”就是藏语“游戏”、“当”就是“平原”的意思，难道还有比这更贴切的解释吗？

西藏的历史，就开始于这一地区。据说，雅砻当时是在一位印度王子的管辖之下。对这位王子的身世说法不一。印度叙事诗的传说认为，他是卡那（Karna）班度(Pandu)的儿子；另有一说，他是国王鲁帕提(Rupati)，据说这位国王在阔拉瓦斯(Kauravas)与潘达瓦斯(Pandavas)的战争中装扮成一个妇人逃到了西藏；还有人说，他是枸萨罗国(kosala)国王普拉桑那吉(Prasenajit)的儿子，或是释迦(Sakya)家族拉恰威(Lacchavi)旁支的一个后裔。

按照故事的描述，这位印度王子正站在喜马拉雅山峰上寻找自己的方向，当他的目光触及雅砻平原时，他立刻意识到这就是他要寻找的乐土，于是毫不犹豫地确定了目标，向这个平原走来。在下山的路上，他碰到了一帮牧民，无疑这是猕猴王的后代。他们问他从哪里来，由于不懂当地的语言，他随意地指了指翻过的山峰。这帮牧民误解了他的意思，以为这是天国来的王子，马上为他做了把木椅，把他抬上肩膀，欢呼簇拥以他为王。这就是第一世藏王聂墀赞普（Nya - Khri - Tsan - Po）(赞普意为“藏王”，颈座英雄)。这是我们所见到的西藏王族最常用的一个名字。

这样，通过这些创造天地万物的神话，追溯藏族人种的寓言和讲述第一世藏王由来的传说，我们就对藏族的起源有了一个总体的概念。

事实与虚构：传说中的二十七个国王和五个神秘的陌生人

学者们曾经试图从上述传说中理出事实真相，但他们的结论认为，这些寓言不过是苯教与藏传佛教许多口头传说的大杂烩。苯教是佛教进入西藏前的原始宗教，后受佛教的影响很大，所以富有印度与汉地影响的痕迹。我们知道，苯教更接近于内地的“道教”，而佛教则自印度和汉地渗入而盛行于西藏。

继聂墀赞普之后，西藏编年史列出的藏王有二十七名左右。只有极个别的家系是完整的，但每个氏族都有日、夜、鱼、驴、公羊这样的名字，这不禁让人想到苯教的宇宙论。这些名称分为五组，其中三组与中国最早皇帝的姓名排位三皇系统分毫不差，按天、地、人依次分为三组。由此看来，这样的藏王家谱，可能是后人对遗失血脉的精心复制，也可能就是纯粹的杜撰。

汉族历史学家向来精于记述邻族，比邻族自己的叙述还有过之而无不及，但对公元7世纪以前的吐蕃却措辞谨慎，只知道有个叫羌（Kyang）的西部部落，从公元1世纪起，内地就与其友好往来。那时还谈不上唐朝在公元7世纪所知道的统一的吐蕃。新旧《唐书》首先记载了有关吐蕃人的可靠资料。

这两本编年史均称，吐蕃王国的创始人是悉补野（Shi－Pu－Ye），他被认为是天神之子。这个名字后被重构为藏语形式，其现代的读音为“普杰”（Pu－Gye）。之所以强调这个名字，是因为它屡次出现在西藏最早的史书中，也同样出现在唐代的编年史中。同时，这个名字是上述吐蕃王系中虽有变化但仍可辨认的同一名字。更有意思的是，普杰意为“Hairy King”（多发之王），恰与猕猴王的故事前后呼应。长久以来，人们一直用绰号称西藏为普杰布（Pu－Gye－Bo）（藏王），即Hairy King Tibet（多发藏王）。藏人则被近邻叫做东玛（Dong－Mar）（赤面人），可能是由于他们有用红土涂面的习惯。而众所周知，猕猴的脸也是红的。所有这一切难道都是巧合吗？无论如何，西藏编年史把主要金属的发现，农业和水利灌溉的引入，西藏第一个都邑的建立，以及当地原始宗教苯教的传播等等都归功于多发之王。

从7世纪到9世纪的西藏记录中只提到普杰的名字，但后来，14、15世纪的编年史尝试着用聂墀赞普取而代之。整个10世纪是一个黑暗的年代，吐蕃历史以此为界，被划为两段。黑暗年代之前，佛教与苯教殊死搏斗。黑暗年代之后，佛教取代或同化了原始宗教，取得巨大发展，逐渐成为藏传佛教或称喇嘛教。从此，喇嘛教僧侣集团取代了封建主和部落首领而成为吐蕃真正的统治者。所有的吐蕃历史都被归纳到黑暗年代之后的时期。当时有一种风气，为了获得尊敬，任何事情都要远涉佛祖释迦牟尼或圣地。可以理解，吐蕃史学家造出一个吐蕃王家血统，将其根源追溯至释迦世系或与他同时代的什么人。唐

一位女降神师穿着降神仪式的袍子,准备进入神灵附体的状态。她给那些有困难而易信的藏人以指引。

代编年史定位于4世纪末左右的人物普杰，或许就是我们对远古藏族最初的认识。

吐蕃历史推崇的史前的另一位藏王为拉脱脱日年赞（Lha – Tho – Tho – Ri – Nyen – Shey）。他出生于从聂墀赞布及随后的二十七位藏王至松赞干布之间的某个时期。从此，吐蕃史翻开了第一页。一个传说使拉脱脱日年赞成为吐蕃史上的重要人物。据说，有一天他正端坐在宫殿里，突然从天上掉下来一个精美的盒子，里面有两部佛教经典、施舍钵、六字真言(唵嘛呢叭咪吽)、一个金塔和一个擦擦——泥制佛像金塔嘛呢（金塔宝贝）。由于没有人知道这些神赐礼物的含义，索性简单地称之为“神物”。几年后，五个陌生人突然出现在藏王面前，毛遂自荐地要解释这些东西的含意和威力。藏王虽然非常珍视和敬重这个宝盒，却并未重视这几个人的来意，于是他们就像神秘地出现一样又瞬间消失了。这个传说似乎杜撰了佛教第一次在吐蕃显现的故事，这几个陌生人可能是最早来吐蕃传教的佛教徒，不是尼泊尔僧人，就是内地和尚。

吐蕃王朝的崛起：
勇猛的藏王侵犯大唐和印度

7世纪初，松赞干布成为自拉脱脱日年赞后第四代或第五代藏王。据说其父囊日松赞（Nam－Ri Son－Tsam）从公元570年起便开始统治西藏，长达五十年。后人对他的统治知之甚微，想必是成功地统一了西藏，而后威名远扬。7世纪初，吐蕃王国就已经拥有广阔的版图，东自今日的云南、四川边界，向西扩张到克什米尔及波斯；北自青海湖之南的唐古特地区，向南伸展到尼泊尔和古印度婆罗门诸邦。那时的人原始粗鲁，沉湎于战争和掠夺，食物极简单，吃饭时用手抓食品，还用红土涂抹脸部。虽然他们建起了房屋和村落，但更喜欢住在帐篷里。每年赞普（Tsan－Po藏王）和其臣下举行一次小规模的宣誓仪式，供奉绵羊、狗和猕猴为牺牲。每三年举行一次大规模的宣誓仪式，以马、牛、驴和人为祭品。他们没有文字，遇到重要事件，就用刻木和结绳的方法记事；没有日历，便以收获期为每年的开始；信仰巫术，即便是政治上的重大决策也听命于巫师（降神者）。

在这样的历史背景下，松赞干布诞生了。他于公元620年登上王位，并执政到650年，吐蕃历史上的每件事都有他的踪迹。事实上，我们知道的西藏是他开创的。

松赞干布之所以名垂千古，得益于吐蕃两位前所未有的伟大政治家吞弥·桑布扎（Tho–Mi Sam–Bho–Ta）和噶尔·东赞（Gar–Don–Tsan）。吞弥·桑布扎及十六位同仁被松赞干布派往印度，肩负着研究创造西藏文字体系的重任。他研究了天竺文字和发音，以当时广泛用于克什米尔地区的婆罗门文（Brahmi）为基础，回来后呈交了一套由四个元音和三十个辅音组成的藏文字母体系。他还编写了一本完备的语法书，虽然此书的大部分内容已经遗失，但仅存的两章作为藏语的标准文本沿用至今。他本人是用新文字写作最成功的典范，并从佛典大藏经中翻译了一些佛经，这是他带回来的经书中的一部分。多才多艺的松赞干布怀着极大的兴趣学习新文字，不久就成了这方面的行家。他也用藏文翻译了几本佛经，并自著了几本书，其中一本就是著名的《六种大法》，一直被视为西藏僧侣和俗人的道德规范。

此后，佛教堂而皇之地进入了吐蕃王室的宫廷生活，松赞干布娶了尼泊尔鸯输伐摩（Amsuvarman）国王的公主为妻。毗俱胝（Bhrikuti Devi）（又称墀尊）公主是虔诚的佛教徒。她带来了几尊佛像，其中最珍贵的一尊便是释迦牟尼八岁时的佛像，至今仍祀奉在拉萨第二大寺庙——拉莫切（Ra–Mo–Ch'e）寺（即小昭寺，意神母寺）内。

唐代的第二任皇帝，最有胆识和魄力的唐太宗继位的第六年，即公元633年派了一个使团去西藏，在此之后才对吐蕃有所认识。虽然大臣上奏了这个不为人知的民族，但显然未给予好评。因为当时，松赞干布效仿突厥（Turks）和吐谷浑

（Tukuhun）王室（属羌 Kyang 的部落）的先例，向唐室请求和亲，却遭到了拒绝。藏王猜想这是由于吐谷浑的离间所致，于是迁怒于吐谷浑。在大胜青海湖以南的几个羌部落之后，他统率二十万大军直攻（唐）四川西北部的边界，又战胜了一个地方首领。其凶猛的势头遇到唐太宗派遣的强大增援才被阻止。双方僵持了一年，松赞干布又派了一个使团赴唐重提婚事。这时，他日渐强大的军事威力已给唐太宗留下了深刻印象。在了解到吐蕃已获得了众多羌部落的归服后，唐太宗便接受了求婚。藏王选任的使团首席是大伦噶尔·东赞，新旧《唐书》都美誉这位卓越的吐蕃人才。他是一位忠实而才华横溢的外交家，不仅为他的君王赢得了一位富有文化修养的汉族公主，还在大唐帝国与吐蕃之间建立起友好关系，并使之持续到公元 650 年松赞干布辞世之后。在这段历史进程中，他起到了决定性的作用。

新娘文成公主是唐朝王室旁系亲属（宗室女），她也笃信佛教。据唐史记载，她把内地的艺术和手工艺品，以及她的信仰带进了西藏。松赞干布专为她建立了一个带城墙的内宫。一些史学家认为，这同古藏族史的记载，吐蕃的首府从雅砻搬到拉萨，在红山上建筑了布达拉宫是一回事。出于同一编年史，藏王命令臣民从此摒弃涂红脸的陋习，并送臣将的子女到唐朝接受教育。这段时间，许多唐朝有学识的高僧来吐蕃翻译佛经。对于今天的一般藏人而言，文成公主带给吐蕃最重要的礼物，则是释迦牟尼十二岁时的佛像。这就是现在供奉在拉萨最重要的寺庙——大昭寺（Tsu－La－Khang）内最显要位置的那尊佛像。

大伦噶尔·东赞与其子噶钦陵（Ch'in－Ling）在吐蕃摄政近半个世纪。噶钦陵摄政期间，大唐和吐蕃为争夺突厥斯坦（Turkestan）经常兵戎相见。在与大唐代表的和谈中，噶钦陵强硬地坚持他的政治立场，并于公元 670 年，成功地从大唐手里夺取了吐蕃早就梦寐以求的西域的四个要塞：疏勒、于阗、龟兹和焉耆，从而阻止了大唐向西进军的企图。此时，他的事业达到了顶峰。但从此灾难不断：公元692年，武周如意元年，大唐又夺回了这些重镇；七年之后，由于藏王日渐怀疑他有野心，勒令其自尽，他因此丢了性命。

藏史提到，大唐曾在松赞干布逝世后入侵过拉萨，但此事在唐史中没有记载。无论如何，大唐与吐蕃之间曾一度战事频繁，直至下一次和亲才使局面恢复平静。这次是金城公主（Chin－Chen）和松赞干布的玄孙梅阿充（Me－Ah－Tshom，704—755年在位），婚礼于公元710年举行。我们不理解，为什么与文成公主比起来，金城公主显得那么微不足道，也许是出于下面的理由：松赞干布之后，与大唐王室联姻的吐蕃贵族出尽政治风头，迫使王室退居幕后。这种趋势由于本地宗教——苯教和外来宗教——佛教之间日益增长的仇视情绪而愈加明显。贵族偏袒苯教，而王室追随佛教。藏史记载，松赞干布曾下令苯教僧侣停止剽窃佛经，这个命令竟导致血流成河。后来梅阿充统治时期，于740—741年爆发了一场瘟疫，贵族借机煽动这是新宗教带来的灾难，所有的外来僧人都遭到镇压。后来，连西藏佛教僧人也未能幸免于难。

金城公主之子，后继位为藏王。他是一位比其母亲还要虔诚的佛教徒。正如西藏人喜欢把自己的历史寓言化一样，藏史关于这对母子的记述也颇具传奇色彩。当金城公主怀孕的时候，梅阿充的另一个居心叵测的妻子也虚报有喜。后来，在得知金城公主生了一个儿子以后，那个阴险的恶妇设了一个圈套攫夺了这个小孩，并向宫廷宣布这是她生的孩子。争论愈演愈烈，直到数年后藏王设立了一个特别法庭，孩子当场认金城公主为母，才真相大白。

这个王子就是赤松德赞（Khri - Son De - Tsan，755—797年执政），他是吐蕃历史上第二个，同时也是最后一个伟大的君主。他的事业远远超过任何一个前辈，其武功使吐蕃帝国更加威震四海。当时正值唐明皇沉溺于杨贵妃的美色，整日花前月下不理国事，而各地又频频造反，更是雪上加霜，使唐王朝大伤元气。大食人（阿拉伯人）那时正在中亚称雄，藏王乘机与其组成联盟，就在今天的甘肃省内一举消灭了大唐西部辖区的武装。局势从此一发而不可收拾，公元763年，吐蕃的部队占领了大唐帝国的都城长安达十五天之久，就在被迫撤出前，还不失时机地扶植了一个傀儡皇帝。唐蕃之间的战争持续了近四十年，最后吐蕃转攻为守，不再扩张。赤松德赞在鼎盛时期，统领大军大灭唐军，进军西至大勃律（Baltistan）和吉尔吉特（Giegit），占领了西藏以西地区。继而向南，挺进到喜马拉雅山之南的孟加拉（Bengal）和比哈尔（Bihar）。布达拉宫下面的一座石碑，就歌颂了他的辉煌战史。

拉脱脱日年赞、松赞干布和赤松德赞被西藏人当作佛殿中普贤（Samantabhadra）、观世音（Avalokitesvara）和文殊(Manjusri)三尊佛的化身，前两个藏王为引入佛教做了大量的铺垫，后一个藏王则为佛教落户西藏奠定了基础。赤松德赞从印度请来名为寂护(Shantarakshita)的大法师，后经寂护的推荐又邀请了具有神秘法术的莲花生法师（Padmasambhava）。西藏人称这位密宗大师为宝师(Guru Rin - Po - Ch'e)，一致公认他是西藏传播佛教的最大功臣，他还是许多神话的中心人物。无论任何教派或分支，他的画像在喇嘛教的传播范围内随处可见。

这位大师的惊人之举，是于公元787年在泽当（Tse - Thang）的对面、雅鲁藏布江的北岸修建了桑耶寺（Sam - Ye）。西藏流传着很多夸张的故事，讲述这位大师如何与当地反对新信仰的男女妖怪抗争，又如何降伏它们，最终使之皈依了新教。当然，这些故事听起来更像寓言。当时，无论是宫廷还是民间，苯教的反抗势力依然很强大。赤松德赞为了巩固王位，不得已杀了几个反对喇嘛教的大臣。桑耶寺建成以后的另外一个重要事件，是在寺内举行过佛教两个教派的辩论，一方代表为汉传佛教大乘和尚，另一方则是印度佛教莲花戒大师（Kamalashila）。后来大乘输了这场辩论，便如事先的约定，带着他的经书和信徒离开了这里。从此，印度佛教教派在吐蕃占据了统治地位。藏王公开地拥护新宗教，并送他的亲生女儿做莲花生法师的宗教配偶。此前不久，已有七个人落发为僧，寂护招收他们为弟子。这是吐蕃最初的一批藏族僧人，首次给七名沙弥（即弟子）授任圣职之事，一直得到西藏史学家的赞扬，似乎标志着西藏佛教传播的开端。

赤松德赞于公元 797 年逝世，为了便于记忆，可把这一年当作吐蕃帝国短暂历史的转折点。

吐蕃帝国的衰落：
一个幽灵骑士暗杀了最邪恶的国王

赤松德赞的两个王子先后继位，他们是牟尼赞普（Mu - Ne Tsan - Po，797—804年在位）和赛那勒（Se - Na - Le，804—817年在位）。传说虔信宗教的藏王牟尼赞普统治期间曾先后三次均贫富，但每次之后他都发现，富人还是一如既往的富，穷人则是一成不变的穷。他自己呢，还没来得及继续他的社会实验，就被他的亲生母亲毒死了。

赛那勒政权仍继续施恩于佛教，他留下了三个儿子。老大执意放弃王位是为了当僧人，就这样把权力传给了两个弟弟热巴坚（Re - Pa - Gyan）和朗达玛（Lang - Dar - Ma）。我们无法确定这两个人谁更年长一些，但如果以西藏史料为据，根本找不到两个性格截然相反并觊觎王位的人。

藏王热巴坚(817—836年在位)也是一个佛教徒。似乎很难解释，为什么那个时期的藏王都信奉佛教，而贵族却痴迷苯教。有一个最可能成立的理由：当时，贵族为了夺得更大的权

风景如画的叶尔巴寺。此寺的僧人刺客谋杀了残酷迫害佛教的朗达玛。

力，正在不断地玩弄阴谋诡计，而藏王们把新宗教势力的兴起视为良好的机会用以摆脱贵族势力。正是热巴坚提高了佛教徒的社会地位，使之成为新的贵族。他任命了几个佛教徒取代贵族出任政府要职，下令每七户平民赡养一名僧人，推动了一场与其叔叔牟尼赞普类似的社会改革。与此同时，他还制定了佛经翻译的专业术语标准，并对以前的译文做了相应的订正。所以，藏文三藏（Tripitaka，佛教的三部典籍）中许多译本都来自这个年代。此外，后人对这位虔诚的藏王更为熟知的是他的绰号“长发人”（Long - Haired one）。据说为了树立一个尊敬佛教的信徒的榜样，他把头发梳成一缕缕的，系上长长的布巾，在某些仪式上请圣人坐在布巾上面（象征圣人的地位比他高）。

贵族于公元836年策划了一场军事政变，热巴坚遭暗杀，就连他那放弃了一切权力隐居的哥哥也没能幸免于难。阴谋家把虐待狂朗达玛扶上了王位（836—842年在位）。西藏史学家一致把朗达玛描述为世间仅有的十恶不赦的人。据唐史的记载，他生性残暴、沉湎于酒色。他摧毁关闭了许多寺院、佛堂，包括拉萨的大昭寺和小昭寺，并以流放为要挟强迫僧人还俗。这种状况持续了几年，这期间佛教领袖纷纷出逃，朗达玛任命了一个杀害其哥哥的凶手为总理大臣，并起用反佛教的贵族填补了所有的要职。西藏人诅咒他们为魔鬼的化身。

据西藏史料记载，当时有个叫佩其多杰（Pei－Gyi Dor－Je）的居士，在拉萨以东四十英里的一个山洞里打坐。忽见幻影：一位女神告诫他，该是挽救误入歧途的藏王的时候了，以免其造下更深的罪孽。第二天一早，该居士出定，询问随从人等并得悉藏王的所有罪行，他深深地怜悯这个罪人。随后，他用木炭将一匹白马染成黑马，用烟炱涂面，披上一个黑斗篷，戴上一顶黑帽子，斗篷和帽子都有白色衬里。打扮妥当，他匆忙赶到拉萨，见朗达玛正在郊游，便拿出了藏在斗篷里的武器，向藏王的胸部射了一箭，就这样结束了朗达玛罪恶的一生。趁着一片混乱，居士消失得无影无踪。他蹚过小溪，溪水洗净了马匹和他的面颊，他把斗篷和帽子翻过来穿戴，带着他的经书向喀木（康）逃去。对他的追捕自然是无果而终。

这一切发生在公元842年。没有了君主，王室分崩离析，不久帝国也土崩瓦解了。下面的故事是宫廷中耳熟能详的一套模式：朗达玛的一个妃子怀孕了，王后获悉后也乔装成孕妇。不久，后者喜得贵子，有人说这是她的侄子，还有人说是乞丐的儿子。无论如何，这个居心叵测的妇人握有权力，并最终使她的儿子继位为藏王。为此，该藏王被后人称为永丹（Yum－

Ten），意为母扶持。当真怀孕的妃子产子之时，她通宵掌灯加强防卫，以确保儿子的生命安全，后来这个孩子得名奥松（Er-Sone），意为光所护。永丹在母亲的摄政下做了儿皇帝，并强硬地执行反佛教的政策。奥松则敬奉佛教，并且不久就被他的追随者拥戴为正统的接班人。此后的吐蕃，内战频繁，诸侯割据。从王室分离出来的几个小宗派，慢慢衍生出历史上若干个不足挂齿的地方政权。

西藏史学家给我们留下的记载，只是一对争吵不休的兄弟所传下的两个系列的名字，而且这些姓名与他们自认的祖先大相径庭，几乎找不到一丝王室的痕迹。

后来历史发展的格局为：永丹派占据卫、藏地区，奥松的后代游移到西部，在阿里和拉达克建立了一个王国。无论东部还是西部，佛教已生根于西藏的每一个角落，落户到社会的各个阶层。因此，二百年后，当佛教卷土重来时，西藏这块沃土里的佛教早已孕育成熟，只待结出硕果了。

复兴：
继黑暗年代之后的僧侣统治集团

从9世纪中叶到11世纪中叶，西藏发生了巨大的变化。有两个趋势起到了决定性的作用：第一，这场以宗教名誉开始的权力之争，已发展到白热化程度，双方均已消耗得筋疲力尽，许多权贵家族已被斩草除根或早已逃离了迅速崩溃的宫廷。此时，日益尖锐的政治冲突掩盖了宗教分歧而上升为主要矛盾，这样倒给佛教提供了地下发展的契机。第二，苯教的信徒们此时再次抄袭并盗取佛经，并诡辩这些经书是他们从古代的祖师们所隐藏的处所发掘出来的。但此举消除了两个宗教间许多本质的差异，最终导致苯教的教旨折中于佛教。

苯教是萨满教（Shamanism）的一种形式，一些学者认为，是中国道教衰落末期被搬到西藏的复制品。这种宗教缺少深度，哲理性不强，集驱除妖魔的法术和原始崇拜的思想于一身。由于随意借用佛教的精华，时间不长便丧失了自己的特性，被对手吞噬了。另一方面，公元8世纪末，以莲花生法师和他的同仁为代表的佛教一派，也具有许多类似苯教法术的特殊成分。所以作为今天的非教徒，我们根本无法讲清藏传佛教的诞生和苯教的灭亡是如何发生的。这也是我们不得已称之为“喇嘛教”的原因。

事隔二百年后，佛教复归，此时这两派信仰间的苦恨已经不多。欧洲学者习惯于称此事为西藏人的新生，这的确是个新生。对于惟一信仰佛教的西藏人来说，佛教复兴是他们整个精神生活的再生。

西藏人为了区别朗达玛迫害佛教之前的“佛教的旧扩张”（前弘期），而称这次复兴为“佛教的新扩张”（后弘期）。喇嘛教的旧派坚持用佛教密宗前弘期的译文，新派则采用后弘期修正过的译文。从此以后的西藏历史内容不多，只有在模糊的政治背景下佛教不同派别的兴起与昌盛的记录。

西藏东、西部几乎同时出现了佛教的复兴。正如上述，9世纪朗达玛的血腥镇压迫使佛教徒纷纷出逃，以寻找安身之处。许多大师，就像暗杀朗达玛的佩其多杰大师一样逃到喀木，并在东部组建了一些佛教组织。其中出现了一个叫洛钦（La－Ch’en）的杰出人物，西藏中部的许多学子仰慕其名，纷至沓来，给佛教注入了许多新鲜血液。这一切都发生在永丹后的第五代政权，粗略估计为公元10世纪的后二十五年。尽管连续几代遭到镇压，但当时佛教在西藏腹地的发展势头已今非昔比，就连当年极端反佛教的藏王永丹的直系后裔，对这些学生也呵护备至，这就足以说明一切了。

佛教在西藏西部发展得更加迅猛。从奥松后的第四代开始，古格（Gu－Ge）王国（该王国由奥松的后代建在阿里萨特累季河的上游）的几世藏王先后派了数批年轻人去印度，意在恢复佛教的本来面目，并解开某些密宗教学上的置疑。这些返乡的莘莘学子中，当推仁钦桑布（Rin－Ch’en Zam－Po）最为优秀，他本人以及其他高僧和僧徒翻译的密宗学派(金刚乘，Vajrayana)的多部经典，被宁玛派（Nying – Ma – Pa）以后的所有教派尊为楷模文献。

这时期的一个重大事件发生在1042年，古格王邀请孟加拉（Bengali）派大师阿底峡（Atisha）来古格王国。阿底峡受到西藏人的高度尊重，被称为德高望重的大师，其威信仅次于莲花生法师。他是一位极具活力的传教者，他从托丁寺（Tho – Ding）远道而来，途经古格文化中心、西藏中部、桑耶寺、拉萨，一路传经布道至聂塘（Nye – Thang）。聂塘是位于拉萨西南部约半天路程的一个小村子。如今，这块圣地上竖立着装有这位大师遗骸的佛塔。他主要的成就是一篇论述修成正果所必经的几个阶段的论文，正是这篇论文激发了伟大的宗教改革家宗喀巴（Tson – Kha – Pa）的灵感，从而完成了另一部巨著。宗喀巴是当代西藏最流行的教派——格鲁派的创始人。阿底峡和他的信徒仲敦巴（Drom – Ton）是噶当派（Ka – Dam – Pa）的奠基人。

尽管历史上曾有过如此众多的宗教教派，但没有必要因此而感到迷惑，其实每一个教派都从本派大师那里传承了真理的精华。就目前来说，我们只要知道喇嘛教有四个主要派别就够了：噶当派（Ka – Dam – Pa）、萨迦派（Sa – Kya – Pa）、噶举派（Ka – Gyur – Pa）和格鲁派（Ge – Lu – Pa）。他们均在西藏历史上起到了不可或缺的作用。①

① 格鲁派是从噶当派发展而来，藏传佛教四大教派还有一个宁玛派。——编注

萨迦统治下的政治联合

1240 年，两个蒙古将军在进军中亚的战役中，在青海—西藏边界大败藏军，继而率兵进入西藏。两位大将对这个喇嘛之国早有耳闻，想将喇嘛中的佼佼者作为战利品送给他们的蒙古王阔端（Godan），阔端也就是成吉思汗（Genghis Khan）的孙子（原文是侄子，今改正。——译注）。那时，西藏的喇嘛组织由四大派别为代表，每个派别属于一个教派或该教派的寺庙。噶当派以热振（Ra – Dreng）寺为基地，自恃拥有最多的信徒；达垅（Ta – Lung）寺和止贡（Dri – Kung – Thee）寺属噶举派，此派威望最高；萨迦派的大师最精通律法，所以萨迦班智达受到蒙古人的召请。

西藏到底是如何落入僧侣集团之手的，还有待斟酌。但 13 世纪中叶，任何俗人首领的权力都与宗教扯上了千丝万缕的联系，除了在宗教意义上残存的一致性之外，西藏不再是一个统一的政治实体。在至高无上的宗教威权下，西藏实现的政治联合，实际上是借了元朝（1206—1367）历代皇帝之力。萨班

（Sa－Pan）应召，不是吐蕃对蒙古帝国的第一次屈服。早在半个世纪前，各自为政的吐蕃部落首领就有了归顺的表示。但真正付诸行动的是萨班大师，他代表西藏归顺了元帝国。

萨班于 1247 年拜见阔端王，并以附庸身份向蒙古王表达了敬意。返藏后，他向全藏宗教及世俗的头领发出了信函，劝告大家不但要向蒙古大汗俯首称臣，还应把大汗尊为菩萨（Bodhisattva）的化身、佛教的大护法神。大势所趋，即使个别人有些犹豫也已无济于事。很快蒙古军队便随萨班入藏，并完成了占领。

早在萨班归顺的两年前，他的侄子八思巴（Phas－Pa）就已去了蒙古朝廷，他不仅是位圣人，还极有天赋。[①] 在少年时期，他就给后来成为元朝第一位皇帝的忽必烈（Kublai Khan）留下了深刻的印象。忽必烈要求他引入喇嘛教，因而把他推举为帝师。他曾在忽必烈面前赢得了一场与景教、伊斯兰教和内地道教的辩论。后忽必烈把喇嘛教定为元帝国的国教，并以该帝师为天下所有佛教徒的领袖。三十一岁时，八思巴受命创造蒙古文字。他以藏文字母为基础，五年后大功告成。从而得到无数荣誉，同时被封为整个吐蕃的主宰。

蒙古人如此诚心地信奉喇嘛教，仅过了一个世纪的时间，他们就抛弃了本民族那种英勇尚武的性格。除了这种自身的变化之外，蒙古人还与西藏组成了世俗—宗教联盟，以此驾驭着整个中国，而且这一联盟自此延续下来。藏人越来越依靠内地皇帝实质性的扶助和保护，尽管内地无数次地改换皇帝，甚至没有了皇帝。

忽必烈通过宣政院控制西藏，宣政院管理佛教事务和吐蕃地区的政务，其首长为帝师。在他下面分别设立了俗官和僧官

① 八思巴与其弟恰那多杰是在 1244 年随其伯父萨班同去凉州的。此处有误。——编注

的并列系统，宣政院直接领导四名卫戍部队的司令，都是俗人，两人驻守阿里，卫和藏各一人驻守。下一级是萨迦寺的本钦（地方官），是隶属宣政院的西藏行政官员。本钦之下是西藏其他僧俗的分支首领。我们怀疑，西藏当时的这种政教合一的体制，多半是元代政体的翻版。

元朝的统治并不长久，随着元代的覆灭，以萨迦寺为基地的萨迦派也于1359年丧失了统治权。即使在全盛时期，萨迦派也一直在与噶举派的两个小教派抗衡，它们是噶玛派（Ka－Ma－Pa）和止贡派（Dri－Kung－Pa）。为了像萨迦派一样得到皇室的庇护，这两个小教派的住持们也直接向皇帝效忠致敬。后来止贡派的势力迅速膨胀，1290年萨迦派不得不求救于元朝中央政府军队，经过血腥镇压才使其降服。

萨迦派逐渐开始衰败。1349年以后的另一个威胁，是帕木竹巴（Pha－Mo－Dru－Pa）家族。此家族与止贡派有关系，其根据地在聂塘附近。著名的绛曲坚赞（Gyan－Ch'u Gye－Tshen），是帕木家族的首领，在他的领导下该家族声势赫奕。他首先打赢了一场与萨迦的战役，于是，皇帝赠予绛曲坚赞以大司徒的荣誉称号。不久，他乘萨迦寺内讧之机，以调解人的名义，于1354年从他的根据地卫（前藏）出兵占领了整个后藏。

元代和明代的历史文献常有对上层喇嘛的抱怨，说他们频繁地来往于内地，每次都率领庞大的随员队伍，给社会造成沉重的负担。整个13世纪和14世纪的上半叶，都充斥着僧俗两派利用皇恩争夺权力和财富的斗争。由于皇帝的庇护，喇嘛不仅在西藏，而且在全国成为了一个特权阶层，他们放纵、亵渎神明、傲慢自大，逐渐成为内地百姓的灾难，最后朝廷不得不时时加以限制以平民愤。明朝(1368—1644)，噶玛派、止贡派、萨迦派、帕木竹巴以及后来的格鲁派轮番前来进贡，有时，随行人数达数千人，引起交通混乱，成为地方当局沉重的负担。1596年，皇帝不得不颁令每三年入贡一次，并限制随从人数及规定路线。

此时，西藏正酝酿着一场伟大的宗教运动。以现代西藏人的观点，有史以来没有人比宗喀巴更重要了。他于1357年生于西宁附近的宗喀（Tson－Ka），十三四岁就来到卫藏地区，受过噶当、噶举和萨迦不同派别的教育，并于1409年在拉萨东南方向一天多路程的地方，修建了甘丹寺（Gan－Dan）。这个寺传播了一种全新的教派思想，创立了格鲁派（Gan－dan－apae－Lu甘丹僧伽传统），造就了许多风云人物。

伟大的宗教改革家宗喀巴的两个最具声望的弟子是贾曹杰（Gye－Tshub）和克珠杰（Khe－Dru），这两人都曾经是他的反对派。如今，纪念他们为圣父、圣子的三人组合像随处可见。西藏人把宗教大师和其弟子的关系看作如同父子的关系。格鲁派还有许多杰出人物：绛央却杰（Jam－Yang Chos－rje）于1417年在拉萨以西建了哲蚌寺（Dre－Pung）；降青曲结（Gyam－Ch'en Ch'or－Je）于1418年在拉萨北边建了色拉寺（Se－Ra）。哲蚌、色拉和甘丹寺是按他们的兴旺程度而排名的，现在被看作喇嘛教的三大学府(Sen－Dre－Ga Sum)。1447年，宗喀巴的年轻学子，被权威认可为第一世达赖喇嘛的根敦珠巴（Gen－Tun Dru－Pa），在日喀则建了扎什伦布寺，该寺因是班禅喇嘛的驻地而闻名于世。

明成祖在位的第七年即1409年就听到了许多关于宗喀巴的传闻，便派特使请他进京。他考虑再三后，派他的大弟子释迦也失（Gyam－Ch'en Chor－Je）代他入朝。

现重新回到帕木竹巴家族。由于内部纠纷，15世纪中叶，这个家族日益没落，权力也落入一位叫仁蚌（Rin－Pung）的臣子手中。仁蚌当时在江孜和雅鲁藏布江中间的绒（Rong）地区。1436 年，仁蚌家族占领了桑主则（Sam – Dru – Tse）（今天的日喀则），并逐渐地控制了整个后藏。1565 年，仁蚌家族被其大臣篡位夺权，此大臣也自桑主则进而扩占了后藏，这就是所谓的藏巴汗（Tsang – pa）们的祖先。仁蚌派和藏巴汗都是以楚布寺为基地的噶玛派的信徒。由于他们的称雄，宗喀巴创建的改革派——格鲁派不得不等到 1642 年才时来运转。

第五辈达赖喇嘛被朝廷封为僧侣首领

从 13 世纪开始，西藏的宗教领袖由于得到皇室的恩宠，取代了王室和封建贵族，名正言顺地僭取了政权。西藏的政治中心逐渐转向内地。正如所知，元朝皇帝为了征服西藏而授予萨迦派权力，明朝的皇帝虽然一如既往地授予萨迦派、止贡派、帕木竹巴和格鲁派的首领像“灌顶国师”（Kuo – Shih）、“法王”（Chos – rje）这样的头衔，但惟对噶玛派宠爱有加。1406 年，明成祖宣布噶玛派的住持为“大宝法王”，这一封号比授予萨迦住持的封号要高。后来，当满族在中国称帝时（1644—1911），他们选择格鲁派为皇室的恩赐对象，这就是今天最盛行的达赖和班禅活佛系统。

清朝的崛起决定了格鲁派的兴起，同时，格鲁派的兴起很大程度上又意味着达赖和班禅两个系统的建立。

从 15 世纪末到 17 世纪中叶，第二世和第三世达赖喇嘛在世期间，格鲁派尚立足未稳，只不过在西藏，特别是在卫（前藏）默默耕耘自己的一席之地。对格鲁派较友好的帕木竹巴家族已摇摇欲坠。1565 年至 1642 年，当权的藏巴汗们把他们的庇护赐予了噶玛派的黑帽和红帽派。特别是从 1498 年至 1518 年，新年在拉萨举行的大传召法会(Grand Prayer 大祈愿法会)上，格鲁派的两个香火最旺的寺庙哲蚌寺和色拉寺的僧侣们一直被拒之门外，而这每年举行的法会，据说是格鲁派的鼻祖宗喀巴首创的。这种做法使格鲁派的喇嘛深感压抑。从 1616 年开始，当藏巴汗把他们的势力范围扩展到整个拉萨河谷时，格鲁派的处境变得越来越糟。

圣父圣子三人像——宗喀巴和他的两个弟子贾曹杰和克珠杰

关于早期几世达赖活佛的排位有几个不同的传统说法。按照拉萨官方的版本，第一世达赖是建造扎什伦布寺（Tra – Shi Lun – Po）的根敦珠巴（Gen – Tun Dru – Pa），第二世达赖是经常往来于扎什伦布寺和哲蚌寺的根敦嘉措（Gen – Tun Gyan – Tsho），第三世达赖是以哲蚌寺为长久驻地的索南嘉措（So – Nam Gyan – Tsho）。直到这时，达赖系统也不过是哲蚌寺里众多转世活佛系统中普普通通的一个。是索南嘉措最先奠定了格鲁派的世俗权力基础，并建立了今天我们所熟知的达赖喇嘛转世活佛系统。

索南嘉措(意即福海)曾于1578年和1587年两次赴蒙古。第一次旅程中，他见到了曾派人到哲蚌寺邀请他的蒙古鄂尔多斯部落(Ordo)首领俺答汗(Altan)。他们在青海湖会面，索南嘉措不失时机地使该蒙古王皈依了藏传佛教格鲁派。作为报答，蒙古王赠予索南嘉措为“瓦齐尔达赖喇嘛”(金刚持，海洋喇嘛)的尊号。这是第一次此系统中的一个活佛被冠以“达赖”的称号。“达赖”是蒙古文译名，意即海洋(Gyam - Tsho)，就这样，“达赖”这个称呼立刻传遍了中国。

1587年俺答汗(顺义王)归顺于明廷(1368—1644)，并建议索南嘉措请求拜见明神宗。索南嘉措如愿以偿地得到明廷的邀请，正准备启程之际，却于1588年辞世。但哲蚌寺与俺答汗的关系却日益亲密。第四世达赖喇嘛就出生于俺答家族，这是蒙古与格鲁派最大寺庙的结盟之举。之后，达赖喇嘛的声望日益深入人心，自然引起藏巴汗们的担忧。其中一位汗王决定取缔达赖活佛转世。依照一种算法，从1614年第四世达赖圆寂到1617年第五世达赖的降生之间的整整三年时间，是达赖传承史上绝无仅有的一段空白。格鲁派一位叫罗桑曲吉（Lo - Zang Ch’or - Gyen）的喇嘛曾因治愈藏巴汗严重的疾病而深受汗王的青睐，后来成功地劝说汗王不再坚持原来排斥格鲁派的立场。为了表彰他对本教派的伟大贡献，罗桑曲吉被准予主管扎什伦布寺。一些人说这是第五世达赖批准的，另一些人认为是第五世达赖的保护者固始汗（Kushi Khan）批准的。照拉萨某些人的看法，罗桑曲吉是第一世班禅喇嘛，但公认的扎什伦布寺的说法则认定他是第四世班禅转世活佛。

阿旺罗桑嘉措（Nga - Wang Lo - Zang Gyam - Tsho）——第五世达赖喇嘛是西藏历史上另一个划时代的人物。就像吐蕃把一切都归功于松赞干布一样，现代西藏把僧权和俗权的施政制度归功于“伟大的第五世”，这就是西藏人对他的尊称。正是他和他的摄政索南群培向当时在青海湖的蒙古王子固始汗请求援助，才战胜了藏巴汗王们，那是在明朝最后一任皇帝执政期间的1641年。

此时正处于明末清初，迅速地权衡了一下中央政局的变化后，第五世达赖喇嘛就把他的忠诚献给了欣欣向荣的清王朝。1642年和1644年他向清初的两位皇帝频频致意，1652年他亲自前往北京，受清帝赐号为达赖喇嘛。1713年康熙皇帝将他的庇护施于格鲁派的另一个支柱罗桑益喜（Lo－Zang Ye－She）（即第五世班禅），也就是罗桑曲吉的继承人，宣布他为班禅（Ratna）（大班智达，宝贝）。[①]

1683年出生的第六世达赖，一个被认为是沉迷于女色美酒和诗歌的小伙子，在西藏引起严重的意见分歧。1705年，拉藏汗（La－Tsang Khan），固始汗的后裔，独断专行地废黜了第六世达赖，并安排自己的亲信登上宗教领袖的宝座。这个被废黜的达赖奉旨进京，不久便死在羌塘地区进京的路上。这位汗王的粗暴干预引起格鲁派所有人士的不满。于是三大寺院（三大学府）和扎什伦布寺的代表，向位于新疆西北部伊犁的准噶尔蒙古（Junkar Mongols of lli）求援，尽管该首领与拉藏汗有亲戚关系，他还是绝情地利用了这个机会。准噶尔的一支约六千人的部队极秘密地穿过新疆西部和西藏北部的广阔无人区，从纳木措湖席卷而下，于1716年占领了拉萨。这是对清政府和格鲁派的一次考验。康熙于1717年派出了一小股援军，但在纳木措湖附近遭遇准噶尔的埋伏而全军覆灭。这次确实惹怒了皇上，他没有听取众臣的劝告，于1718年从青海，又从四川增派了大队

① 班禅是大学者的缩写形式。Ratna是梵文，藏语音译为“额尔德尼”（Erdeni），与仁波且（Rin Po Ch'en）的意思相同，为“宝”，藏族称他为班禅仁波且。

大昭寺的诵经场面

人马，终于在1720年从西藏驱除了准噶尔，并把诞生于西康的一位转世灵童扶上拉萨布达拉宫的宝座，宣布他为第七世达赖喇嘛。尽管那个放荡无度的年轻人给喇嘛界带来了不少麻烦，但他仍是公认的第六世达赖，而拉藏汗选择的那位达赖，后来被处死了。很明显，他不过是个替罪羊，从来就没有得到世人的重视。

虽然此时原固始汗的将军们已成为西藏的主宰，但他们与达赖周围的掌权人的关系一直不太和睦。当时，准噶尔人仍在继续其阴谋活动，骚扰不断，政局已变得危机四伏，以至于雍正皇帝不得不于 1726 年派一名大臣赴西藏居间调解。这次派遣的是一名文官而不是军队，意在密切注视西藏政局的动向，这个举动标志着中央朝廷设置驻藏大臣制度的开始。

卫和藏之间的摩擦，逐渐转变为格鲁派的两个势均力敌的教派之间的纷争，这就是达赖喇嘛和班禅喇嘛。1780 年，第六世班禅因乾隆皇帝七十寿辰而进京祝寿。把当时他所得到的接待，与康熙皇帝接待第五世达赖的规格一比较，不禁使人感到担心：不知达赖是否仍能保持格鲁派绝对的领导地位。同一年，六世班禅死于天花。

班禅的一个兄弟改变了扎什伦布寺的命运。他死去的兄弟班禅曾从中央朝廷得到一笔丰厚的赠款，他本以为自己也可以分一杯羹，没想到后来却一无所得。出于愤怒和不平，他于 1788 年与喜马拉雅山以南，以好战闻名的廓尔喀人（Gurkhas）密谋策划，怂恿一队尼泊尔人侵入西藏。后来，廓尔喀人以西藏地方不履行和约为由，于 1791 年再次入侵，占领了后藏的整个西部并洗劫了扎什伦布寺。第二年，乾隆派了两名最得力的干将福康安和海兰察，从西宁率一万精兵一路风卷残云，把廓尔喀人赶过喜马拉雅山脉，直至尼泊尔的首都加德满都附近，迫使其接受了一些比较宽松的条款，这才撤离西藏。

借着大战告捷的东风，清朝皇帝令西藏进行彻底的政治改革，着手人口调查；修订税制；第一次铸造藏币；组建地方武装；规定未经驻藏大臣的允许，西藏人不得与外藩直接接触。此后，驻藏大臣的政治地位不仅等同于达赖，而且一旦确定达赖、班禅转世灵童发生争议时，他还负责监督金瓶掣签仪式的全过程。

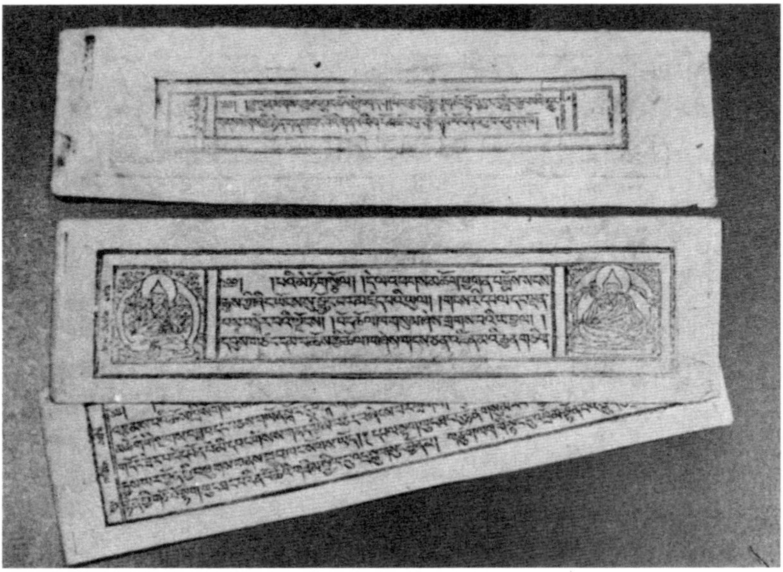

《第十三世达赖喇嘛传》的数页。西藏书籍由散页组成，用木刻版印刷。（承 C.T. 胡提供）

固始汗战胜了藏巴汗后，格鲁派在西藏迅猛发展并取得了绝对优势，而达赖、班禅为一方，清中央皇权为另一方的这种完美的政治格局，又使格鲁派的事业达到了顶峰。格鲁派以其完美的僧侣组织形式，把格鲁派的燎原之火燃遍卫藏远及蒙古。在喀木（Kham）和阿里（Nga - Ri）地区，所有重要寺庙都加入了格鲁派。由于哲蚌、色拉和甘丹寺以及他们众多附属寺庙日趋繁荣，达赖喇嘛将自己的内廷从哲蚌寺迁到布达拉宫。从此，自 19 世纪以来其声势发展得如日中天，正像我们今天知道的，达赖代表的已经不仅仅是格鲁派，而是整个西藏地方了。

巨钳攻势中的与世无争之地，1856年以后被卷入国际纠纷

19世纪中至20世纪初，随着清朝的统治逐渐日落西山，麻烦也就随之出现了。

19世纪，清帝国制度腐败，摇摇欲坠，屈服于帝国主义的侵略扩张。这个幅员辽阔的大帝国的外层壁垒，一块接一块地被列强攻破吞噬了，内地也面临着被列强瓜分，沦落为“势力范围”的威胁。霸权中最嚣张的当属英国和俄国，两国形成了一个巨钳形的攻势，从南到北逐步夹紧中国，上下刃口卡在清、英、俄三大帝国的汇合处——西藏。

中央政府第一次对西藏不能提供有效的保护是在1856年。当时由于一些贸易争端，尼泊尔强加给西藏一个不合理的条约，由此尼泊尔人在西藏享有治外法权，西藏每年须付给尼泊尔一万尼币。尽管此条约是在至高无上的大清皇帝的首肯下签署的，但大清的威望并没有受到多少损害。因为尼泊尔与西藏一样是遁世者的家园，这件事在清中央看来，仅仅是地方局部

争斗而已。

如我们所见，19世纪中叶，英、俄率先进入西藏探险。一方面，沙俄沿中国东北地区、蒙古、新疆建立控制区，形成一个完整的弧形包围圈，还企图通过西藏进入我国的大西南。另一方面，英国借口保卫印度帝国的安全，沿喜马拉雅山南坡，将缅甸到拉达克一连串国家和地区揽入囊中，此外还虎视眈眈地尝试着继续北上，直取中国不为人知的后院。恰巧此时沙俄与日本在中国满洲开战，英国自然在英俄的竞争中首先掌握了主动权。

1876年英国与中国签署的条约之附加条件中，准许英国派一名官员到西藏作科学考察，但后来发展到英国考察团频繁出入西藏，引起藏人强烈的反感，清政府不得不付出代价以收回许可权。在1886年签署的条约中，清政府承认了英国对缅甸的吞并，而此前缅甸一直入贡大清。

西藏人为斥退了英国人而感到欢欣鼓舞。但不久，锡金问题又浮出水面，致使他们再次掀起反英的浪潮。锡金是喜马拉雅山南坡上的一个小国，夹在不丹和尼泊尔中间，无论从宗教、文化，还是人种上看都是西藏的一部分，是中国的附属国。但由于它地理上与印度接壤，就像曾附属于中国的不丹、尼泊尔一样，英国也企图把锡金纳入其势力范围。然而不丹虽在宗教和人种上都接近西藏，却一直保持着自治状态，锡金则一向被藏人当作自己的附属国。1887年藏军进入锡金，试图重申它的主权，但只打了一小仗就被英国于1889年驱逐出境。此后英国迫使中国于1890年又签订一个条约，勘定锡金与西藏的边界并确认英国对锡金的保护权。接着在1893年又订立了关于贸易、交通、牧场管理权的一组续约，这些条约的要点在于：中方开放卓木河谷中的亚东为商埠，藏民在锡金的放牧权听由英方决定。这样一来，西藏人的利益遭到了严重的损害。因为英国人来印度之前，藏民从来都是自由地在锡金放牧，所以藏人一致抵制而中断了贸易。英国提出抗议，清政府解释说服藏人需要时间，但藏人仍然拒不听命。1904年著名的荣赫鹏远征军正是以规劝藏人接受1890年和1893年的条约为借口入侵西藏的。

即使印度在与西藏通商的问题上有利可图，但还不至于为此而发动战争。根本的原因在于：英国人感到了一个潜藏着的危险人物，即来自贝加尔湖的俄籍布里亚特人（Buriat）——阿旺·多尔吉夫(Ngawang Dorjielf，即德尔智)。他自恃与十三世达赖喇嘛关系密切，从事着为拉萨与圣彼得堡之间牵线搭桥的活动。这就是为什么英国人恰恰选择俄日在满洲爆发战争之时对西藏采取行动。此时，中国和俄国早已慌乱得无暇顾及西藏问题了。

1904年，在印度的一群具有冒险精神的“帝国缔造者”策划和组织了英国远征军。他们不顾本国强烈的反对，贸然采取行动，进一步巩固了印度北部边界，从而博得了喝彩。他们以和平进军开始，经历了十六场战役之后，以胜利进驻拉萨而告终。如一些外国评论家所说，这次行动中，有无数的西藏人“像斑鸠一样被射杀了”。达赖喇嘛逃到了内地，他留下的代表签订了1904年的《拉萨条约》。

《拉萨条约》中的两点至关重要。第一，英国据此创立了一条撇开清政府直接与西藏地方对话的先例。第二，英国在西藏享有“特殊利益”的最优惠权利。根据该条约第九款，西藏地方政府同意不允许任何外国干涉西藏内政，并在西藏派驻任何代表或代理人；英国对西藏的铁路、公路、电讯、矿产等行业享有优先特许权；未经英国事先同意，不得授予任何外国以领土及财政的特许权。此外，除亚东以外，西藏再开放江孜和噶达克为商埠；赔偿战款二百五十万卢比。正是这一年，尼泊尔和不丹默默地从中国投入到英国的怀抱。

这段时间清政府都做了什么呢？由于内忧外患的困扰，它既不能阻止英国人的入侵，又无法控制西藏人对外交涉。大清帝国的势力在西藏大大衰落，清军已撤退得所剩无几，驻藏大臣也陷入进退两难的境地。英国入侵者一直对清政府履行条约的诚意心存疑义，此时惊奇地发现，在拉萨的两位驻藏大臣的行动受到种种限制，根本不能自由行使中央赋予他们过问西藏的权力，就更不要奢谈履行条约了。1904年的《拉萨条约》不再虚伪地尊重中国在西藏的主权了。

大清政府此时隐约地感到英国已经使拉达克、缅甸、锡金、不丹和尼泊尔脱离了中国，现在似乎要轮到西藏了。果然不出所料，清政府于两年后签订了1906年的“中英新订藏印条约”，伦敦和北京更高级别的政界权威确认了“拉萨条约”是印度政府与西藏地方签署的。对清政府来说，这次力争明确了英国已承认中国对西藏享有主权。这就是为什么清政府付出二百五十万卢比的赔款；为什么同英国在1908年签订了“中英修订藏印通商章程”，此章程规定每十年修改一次；还允许英国在亚东、江孜和噶达克三地商务委员的住所留有驻军并享有治外法权；保留从中印边境到江孜一线上的驿站和邮政电报设施等等。

这些条约激起中国人民的极大愤慨，因为中国拱手送给英国太多的权力。印度当局中的强硬派也表示反对，因为他们坚持认为，按照“拉萨条约”的第九款，清朝政府应被视为“外国”。由于意见分歧，这些条约在西藏与英国，以及西藏与印度的关系中，直到今天，遗留下了表面及实质的矛盾。

稳固了在中国的霸权之后，英国又在别的地方取得了外交上的胜利。日本刚战胜俄国，英俄便于1907年订立了《圣彼得堡条约》，俄国承认英国在西藏取得的“特殊优惠”，双方保证不染指西藏事务。这一《条约》的重点在于：第一次把中国政府与西藏的关系用“宗主权”（suzerainty）一词界定下来，这个词从此泛泛地传播开来，而没有人下功夫弄清楚它的准确含义。

1906年至1910年间，精明强干的地方长官赵尔丰势如破竹地进行了改土归流，其范围从四川边境上的康定，直到工布的大本营江达，这个地方也就是现在的西康省。同时，两千名川军进入拉萨驻守。

这时，从1904年至1908年一直流亡在蒙古和北京的十三世达赖喇嘛返回了西藏，他发现自己的权力不稳。他于1904年拒不执行北京的命令，而失去了皇帝的恩宠。他还煽动藏人阻止赵尔丰在康区推行的改革，致使一位驻藏大臣死亡。困境中，他决定到他的宿敌、英属印度寻求庇护。当他逃亡印度的消息广为人知后，1910年皇帝立即下令废黜了他的达赖喇嘛名号，这无异于破灭了他想和解的最后希望。

这个逃亡事件就像一股风，助长了英印政府中吵吵嚷嚷的强硬派的气焰。此时英国正纠缠于《圣彼得堡条约》，虽与清政府互换了几次照会，但清政府始终坚持它在西藏的行为纯属中国的内部事务。此处无果，英国便顺风转舵到另一焦点问题：英国不再默认尼泊尔和不丹是中国的附属国。

次年，1911年中国爆发辛亥革命，当皇帝退位的消息传到拉萨时，引起了驻军的暴动。政治内讧不久就变成仇杀，数月中既无军饷，又无人指挥，一群群无法无天的暴徒把拉萨置于恐怖之中。这种局面持续了约一年时间，直到藏人和一些觉醒的汉人结成联盟，控制了局面，一切才恢复平静。1912年，十三世达赖喇嘛返回西藏发表了所谓的独立宣言，其中列举了清政府面对外国列强的侵略却不能保护西藏的种种无能表现，所有驻藏的士兵及武官都经印度返回内地。从此达赖喇嘛实行的是人们常说的一种反华政策。但我们应该从中看到情有可原的一面。

撇开十三世达赖表面上的政治摇摆性不谈，他代表着西藏更开明的既得利益。当时衰亡中的清政府确实让人失望之极，1911 年清驻军在拉萨叛乱时的暴行，加深了清中央政府与西藏僧俗各界的隔阂。特别是中央政府的更迭，当初被称为天子的“皇帝”，如今被寻常路人都可以当的“总统”代替了，这是大多数西藏人无法接受的。另外，这场突变的震波刚过，情绪乍平，又从云南边界到蒙古形成了一股压力，那里有几百万的同族，西藏的命运一直与他们联系在一起。这些处于中间地带的人群，尽管从 7 世纪甚至更早就与内地在政治上和经济上联系在一起，但从民族和宗教上来看，他们是藏人的一部分，无论是西藏当局还是中央政府都不应置他们的利益于不顾。中国历史一贯证明，只有当中央与西藏和睦相处时，这些人才能过上安宁的生活。

1913 年的西姆拉会议是在英国人的操纵下举行的。中间坐的是亨利・麦克马洪爵士(Sir Henry Mcmahon)，印度政府外务部部长。他身后站着罗斯先生（Mr. Archibald Rose）和查理斯・拜尔爵士（Sir Charls Bell）。从左边起的坐者：中国代表，锡金大君，陈贻范先生，麦克马洪，西藏代表论钦（大臣）夏札、赤门，及一名中国随员。

1913 年中华民国政府恢复了十三世达赖喇嘛的封号，当时掌权的一帮军阀正在计划改朝换代，恢复君主制（此指拥戴袁世凯登上皇帝宝座——译注），所以非常渴望得到英国的支持。英国政府从中看到了另一个在西藏抬高自己地位的机会。

几经周折，英国于1913年冬季强行在印度的西姆拉召开了一次会议，在英国的操纵下，会议起草了一份条约，由于中国政府拒绝接受此条约，会议最终破裂。首先“宗主权”一词的强制性的含义使中国舆论无法接受，其次英国还要把西藏分为“内藏”、“外藏”，“外藏”享有完全的自治，这一条遭到中央和西藏地方的一致反对。（这些条款即使对于想借此达到自己目的的袁世凯，都是无法咽下的苦果。）1914年第一次世界大战爆发，西藏问题的争论自然被束之高阁。

1917年以前，川军负有保卫西康的重任，驻扎到远离拉萨以东五天路程的江达。1917年至1918年，川、藏两军常有摩擦，后来藏军也胜利地打到西康的中心。1930年至1933年藏军被击败，退到金沙江以西（扬子江的上游）。从此，这里就成为西藏与西康间事实上的界线。

尽管地方上有局部冲突，西藏地方与中央的关系整体上并未受到影响。此时，西藏内部却并不安定。1924年，卫和藏这对老冤家的地区矛盾，以十三世达赖喇嘛和九世班禅喇嘛的个人形式显现出来。结果，班禅及其堪厅迁到内地，直到他1937年圆寂，他一直居留内地过着流亡的生活。

国民政府治下的中国更加统一，与西藏地方重归于好也就更有可能。1934年，借十三世达赖圆寂之机，国民政府特派一名代表入藏，表示哀悼并恢复了官方关系，在拉萨设立了一个办事处，即后来的蒙藏委员会驻藏办事处。蒙藏委员会本是一个部级行政机构，由汉、蒙古、藏委员组成，处理与蒙古、西藏有关的事宜，因蒙古和西藏被称为“特区”，以区别于其他省份。英国很快做出反应，它刻意回避它首创的“宗主权”问题，而要求西藏当局按1904年《拉萨条约》的第九款，给予它在拉萨设立机构的同等权利。其目的是要用这种方法扼杀中国对西藏的主权，暗地里把中国降到“外国”的地位，从而弥补

喜马拉雅，层冰积雪的疆域，就像一只展开的臂膀，沿着西藏的南部边境延伸1500英里。

它在1906年《北京条约》上损失的利益。即使在已不存在的“西姆拉草案”中，也未提到在拉萨设置英国永久机构的问题。但这个要求对西藏地方当局有一定的吸引力，因为它是一个阻止中央采取更进一步措施的借口，即如果对中央做出任何让步，西藏也得同样地给予英国以利益。例如，蒙藏委员会驻藏办事处有一个无线电台和一个小诊所，驻拉萨的英国代表处也要扩充相应设施；中央高级官员刚来拉萨，英国相当级别的人物也立即出现了。

1939年，在中央—西藏的关系中，中间地带的民族再一次起了重要的作用。摄政热振在青海省的安多部落一个说汉话的家庭里发现了一个男孩，认为他是达赖喇嘛的转世灵童。1940年南京派出特使来主持新达赖的坐床典礼。更明显的进展似出现在1947年，拉萨代表团参加了国民代表大会，参与起草宪法草案和选举总统，后因国内局势急剧恶化，本应升温的西藏问题再次被搁置一旁。

此时，英国发现其在印度的地位不保，1947 年 8 月 15 日，具有日不落神话的大英帝国将其在印度的权力移交给印度独立的政府。同一天，在只有几名英国驻藏成员在场的静悄悄的仪式中，英国国旗降下，升起了印度的三色旗。在亚东和江孜的两个常设商埠和噶达克的一个临时代办处，以及拉萨的常驻机构，都以“印度”两字取代了“英国”。按照印度领导人的说法，他们在当地享有“未界定的权力”。

中国革命的后果：最近的政治发展

1948 年至 1949 年间，大陆上的国民党政府迅速土崩瓦解并逃到台湾，一个空前统一而强大的中华人民共和国成立了。由于下面的几件事，使西藏问题再次成为新的焦点。

首先是班禅回归西藏的问题。1937 年第九世班禅在返藏途中，圆寂于青海。由于他长期逗留在内地及蒙古，深得那里的信徒爱戴和支持，这自然遭到拉萨当局的妒嫉。几年以后，终于相继找到了三位班禅转世灵童的候选人，其中的一位不幸夭折，剩余的两个候选人之一，也来自青海省安多地区，班禅堪布会议厅认定这位是真正的转世灵童。1949 年国民党在大陆统治的最后几天，在青海的塔尔寺（Kum – Bum）正式封他为第十世班禅额尔德尼。数月后，解放大军逼近青海，班禅和他的堪厅迎向新政权，并公开表示拥护解放西藏。这时拉萨当局本不想将自己的对手放上扎什伦布寺的宝座，但最终没有这样做，因为考虑到这样一来，就会引起西康、青海和蒙古强大的喇嘛教群体的对立（他们都拥护班禅喇嘛，认为达赖与班禅都同属宗教首领，而不分高低），而且会成为向北京新政府的挑战。更重要的是，这样做，拉萨当局会更加疏远后藏人民，此时的后藏正热切盼望班禅堪布会议厅的归来。

其次是热振事件。热振活佛（虽已退休），其声威依然存

1945 年 8 月 15 日，日寇投降，抗战胜利。国民政府蒙藏委员会驻藏办事处在吉督巴楼顶上升旗以示庆祝。

在，这位曾发现现任达赖喇嘛的热振活佛，于 1947 年突然被冠以预谋叛乱、反对他的继任达札（Ta – Dra）活佛的罪名而被捕，并被指控是亲中央派的头目，不久就神秘地死在拉萨布达拉宫的监狱里。热振事件使三大寺中的色拉寺遭到数天的围攻，因色拉寺一直支持热振活佛。后热振寺又遭洗劫，以致许多人遭镇压，被捕杀，更多的人逃到内地投奔班禅。西藏的政治气氛从未像这样紧张过：达赖与班禅决裂，现任摄政与前任摄政反目。

第三件事，没想到解放战争进展得如此神速，瞬间便消灭了西北、西南的宁夏、新疆、青海、四川、西康和云南数省的军阀，使西藏暴露在中国社会政治革命的冲击前，这可是西藏

1952年4月29日，在人民解放军的护送下，班禅喇嘛抵达拉萨，队伍举着旗帜。

从未经历过的新状况。自从满清灭亡后，中央政府从未在这些边境省份真正行使过权力。这些省份带着封建和半独立的色彩，一直替西藏营造着一个外围壁垒，使内地的影响在到达西藏前，就被逐步地吸收、中和，直至完全失效。但这次，这种缓冲的保护作用一次接着一次地被淡化掉了，还不到半年，就迫使西藏独自面对这场不可预测的考验。

这样一来，确实使拉萨陷入进退维谷的境地。1911年以来，拉萨一直保持着一个不同于内地任何地方的行政机构，有自己的货币和关税，有自己的电报和邮政服务，甚至有自己的军队。拉萨当局亲眼目睹了内地的悲哀，从1911年中华民国建立以来，内地陷入持续的战乱，广大人民因此陷入水深火热之中。这使拉萨当局认为，政治上对中央的依附有些得不偿失。

1949年7月，当中国革命的轰隆巨响传至西藏边界时，拉萨当局决定立即驱逐所有在西藏的国民政府官员，并公开宣布中立。可是中国大陆和台湾当局却异口同声地重申：西藏是中国的一部分。1950年初，人民解放军兵临城下，驻扎在西藏前沿要塞——昌都东边的金沙江两岸。流传着双方进行了几次和谈的消息。西藏的一个代表团又去了印度，但没能谈妥任何问题。1950年10月中旬，人民解放军进入距拉萨以东370英里的昌都，四千溃不成军的藏军陷入重围，连同他们的指挥官一齐放下武器，四十余名高级军官，其中包括一名西藏地方政府要员同时被俘。

此前，拉萨当局显然是对自己的几个有利条件过于乐观了。首先他们想凭借地理上的屏障。东面是成片的群山，北部的高原渺无人烟，且气候严酷，缺少补给，交通阻塞，到处是难以逾越的障碍。他们坚信：当地的军阀武装，从事走私的土匪恶霸，还有从云南到青海边界上众多的半独立的部落，一定会群起进行顽强的抵抗。可万万没想到，面对共产党军队排山倒海之势，康区不攻自破，拉萨当局的种种打算全部落空。

其次，他们过高地估计了内地西部和西北部人民对达赖喇嘛的宗教忠诚，他们错误地判断了北京的宗教政策。事实与他

中央人民政府与西藏地方政府签订了协议后，毛泽东主席招待西藏地方代表团团长阿沛（左）和班禅喇嘛（右）

1951年5月23日，中央人民政府与西藏地方政府签订了《十七条协议》。（从右起）中央政府首席代表李维汉，代表张经武（中央政府在西藏的政治代表），张国华（西藏军区司令）和孙志远。站者（从右起）：副主席李济深，总司令朱德，副总理陈云，阿沛·阿旺晋美，凯墨·索安旺堆和土登旦达。

们的预期正好相反，佛教没有遭到镇压，共产党政权几次发表声明，要保护宗教自由，保护喇嘛寺庙，尊重西藏现存的风俗习惯。喇嘛教的支柱达赖喇嘛的声望，因另一支柱班禅喇嘛的对立而显得逊色了。

第三，拉萨本来希望一旦与北京发生冲突，会得到一些外国的帮助。但自从英国退出印度后，它对西藏的兴趣只表现在口头上。这样，拉萨自然把期望转向印度。印度从英国那里继承了在西藏所有“特权”的同时，也明显地感到自己处于独特的地位。它深知这些特权都是帝国主义政策的产物。它自己就曾经是这种政策的受害者，何况它正倡导在亚洲肃清帝国主义的影响，所以很难做到不违背自己的政治良心而享受这个成果。就切身利益而言，印度真正关心的是拉达克、锡金和不丹，他们虽然已经加入印度共和国的架构，但在历史上、宗教上、人种上却与西藏有着千丝万缕的联系。而且印度在西藏的南面和西南面有着一段漫长而未确定的边界，它之所以接受在西藏的这些特权，主要着眼于将来以此做为讨价还价的条件。除了印度之外，尼泊尔是惟一与西藏有直接关系的国家，但它国内问题重重，根本没有意愿和能力顾及西藏。没有了印度和尼泊尔的合作，外国援助的可能性就变得极为渺茫了。

就这样，任何维持拉萨政权现状的尝试都因得不到支持而失败了。1950年的岁暮，达札摄政退职，还政于十四世达赖喇嘛，拉萨政府迁到南部的卓木(Dro - Mo)。这位十六岁的达赖执政后颁布的第一个法令，便是大赦西藏所有的政治犯。同时，他任命在昌都的官员为首率团先赴北京，随后又派出另一使团，由藏军司令领衔赴京。

1951年5月23日，中央人民政府与西藏地方政府在北京签订了一个《十七条协议》，主要有以下四个要点：一、西藏保持自治地位，达赖喇嘛的政治体系，他本人的身份、地位、作用及权力不做任何改变，西藏的宗教、寺院制度及习俗将得到尊重；二、恢复班禅喇嘛固有的地位，特指十三世达赖喇嘛与九世班禅喇嘛友好相处时的地位；三、中央人民政府在西藏设立军政委员会，驻军西藏，逐步将藏军改编为中国人民解放军；四、西藏的对外事务均交予中央人民政府处理，必须消灭在藏的一切“帝国主义侵略势力”。与邻国的通商贸易关系，应建立在“平等互利，互相尊重领土主权的基础上”。

从1951年7月起，局势发生了迅速的变化。达赖喇嘛一行返回拉萨。人民解放军分三路同时入藏，东路从昌都，北路从青海，西路从阿里，接管了西藏的一切要塞。同时，由行政及技术人员组成的第四队人马经印度进入西藏。从此，完成了在尼泊尔和印度边界线上的布防，填补了以前的真空。据说现在（指1952年——译注）正建设公路、机场，计划展开造林、采矿、改进水利灌溉、扩大畜牧业等一系列的工作，马上就要进行土地和教育改革。酝酿已久的班禅喇嘛的回归，对这一切无疑是一股强大的推动力量。

上述《协议》的贯彻执行，标志着旧西藏的结束、新时代的诞生，我们完全可以预见西藏未来几年的变化。

必须认识到，现在外界有一种偏激的倾向，某些人故意将拉萨与西藏等同起来。拉萨仅有两万人口，虽然被公认为是西藏政治、宗教、文化和经济的中心，但据不同的统计，藏族有二百万至四百万的人口，拉萨人只是其中极小的一部分。操纵拉萨政权的人物只来自不足一百家贵族中的上层和同等规模的僧侣集团。在他们看来，广大西藏人民不过是“砍柴挑水的苦力”。这些特权人物生活在一种封闭状态，隔绝于世界潮流之外，忽视西藏社会蕴藏着的巨大力量，仍流连在一个僧侣、封建的独裁统治的残阳夕照之下，他们恰恰是因为西藏百姓的无知和对政治的冷漠才得以存在的。但历史必将加速前进，这个特权阶级必然在快速变革的世界中土崩瓦解。然而，一场社会革命必须是自下而上的，而不能全由上面推动。因此，在西藏人民还没有觉悟之前，西藏社会结构中的任何激烈的变革是不可能的。像西藏这样经济落后、人口极度分散的地区，进行改革可能需要许多年。构成知识界精英的封建贵族，在这个历史进程中也许会起到至关重要的作用。

那些独身，而且大部分来自西藏社会下层的僧侣，以及寺庙组织中不同阶层的宗教人士将如何抉择呢？显然，他们一直无一例外地被当作西藏保守势力的坚定卫士。但不应忽视，喇嘛僧侣往往比那些贵族更具有进取精神。所以，他们既可以最保守，也可以最激进，有利于保守时则保守，一旦新的社会力量得到解放，他们很可能解除与贵族的联盟，反目成仇。因为他们从来与贵族为敌，有史可鉴。现在到处谣传着正在创造马列主义佛教，像这样的运动肯定会得到那些年轻而贫穷的僧侣的热衷支持。毫无疑问，在不远的将来，会出现保守派与激进派之间的严重分歧，甚至可能导致历史悠久的寺庙组织形式的最终瓦解。

西藏的对外关系会有一些调整，估计它不会影响与拉达克、锡金、不丹在贸易和宗教上的联系。西藏与印度、尼泊尔现存的商务、宗教关系可能会保留。但印度基于 1904 年的“拉萨条约”和 1908 年“藏印通商章程”所享有的一切不平等权利，尼泊尔于 1856 年与西藏签订的不平等条约，必将在新的政治背景下重新修订。西藏与印度间未确定的边界问题也将会解决。虽然共产党政权宣称尊重和维护西藏的现状，但随着西藏内部经济和社会行为模式的改革，对外关系的重设，西藏人不可能长久地保留隐居的民族生活特征。至于社会的发展将决定他们扮演一个什么样的角色，不久，时间将会告诉我们。

第三部分

喇嘛、喇嘛教和喇嘛寺院

佛教徒的人生观和解脱观

在了解了西藏的地理和历史背景以后，最好通过他们的宗教去接近现代的西藏和西藏人。在西藏，任何事物都是以宗教开始，并以宗教告终的。尽管我们在其中能找到一些非宗教的东西，但它们是那么的微不足道，以至我们简直无法想象，如果撇开喇嘛、喇嘛寺院和喇嘛教不谈，我们还谈论西藏和西藏人的什么呢?

喇嘛教是西藏版的佛教。佛教掺杂了西藏原始信仰的苯教后就成了喇嘛教。许多权威人士甚至认为，迄今为止，只有在西藏还能寻觅到佛教更纯正的形式。如此说来，知道一些佛教对于生命和解脱的理解和表达，可能有助于我们了解西藏人的内心世界，以及他们的风俗、传统、社会制度、文化形态，还有他们的政治制度。

对于佛教徒，当然也包括西藏人来说，世界上有许多拯救人类灵魂的宗教，但佛教绝不能与它们混为一谈。佛教徒认为，人类只是一个狭隘的领域。佛教徒的思维，是以一切生物

建于15世纪、著名的江孜白居寺佛塔，被认为是全藏最美丽的塔。

和生命的延续这么一个更广阔的概念为出发点的。简单地说，就是从变形虫(阿米巴 amoeba)到佛。处在这个领域内的一切生物都具有心灵，而佛教就是拯救每一个有心灵有情感的生命的规则。这个规则极为简单：它既不能被制定，也不能被废除，就是佛也无能为力，但只有佛了知一切。

佛教的宇宙观有不同形式的存在(Dhatu)，每一个有信仰的灵魂都依其本身的功过在不同的存在形式中占有一席之地。最低的形式为地狱，一个极度痛苦的归宿；最高的境界为佛门，一个极乐的天堂。从地狱开始依次向上有六种存在形式，它们都处在轮回状态。我们人类处于从底层数起的第四种形式，在我们下面的三种形式包括痛苦的不同层次，上面的三种形式则涵盖了欢乐的不同程度。这里所指的“痛苦”和“欢乐”只是一个相对的概念，因为除去不断变化的层层苦难之外，对于我们这些处于转生轮回中的生命来说，其他全是虚空。按佛教的说法，转生指灵魂从一个肉体迁居到另一个肉体，这一轮回的善恶决定了下一轮回的去向。一旦这个肉体日久无用了，就是一般意义的“死”，于是灵魂离开它而去，进入到另外一个肉体，这一行为通常称之为“生”。

为了从转生所经受的痛苦中解脱出来，就必须积德行善，从而升越过第六层次，超出轮回而达到涅槃。

很多人已达到终成正果的境界。按一般的分类，除了只为超度自己的人之外，另有人不但要自己修成正果，还要帮助那些正在轮回中的灵魂修炼到天堂，后者就是佛。过去已经有了一些佛，将来还会出现更多的佛。释迦牟尼是永恒中的现世佛，他向我们启示了佛法。

每一个生命生来都具有修炼成佛的可能，我们人类应该庆幸自己离目标已越来越近。所以，我们应按照佛的指引，力求运用多现的时机以拯救自己的灵魂。如果是为了超度自己，则信奉小乘佛教；如果不仅为了自己，还要普度众生，就皈依大乘佛教，大乘佛教是小乘佛教的高一级形式，每一个人应根据自己的目标而决定取舍。

佛教最基本的规则是因果关系，与此相似的基督教教义认为：种瓜得瓜，种豆得豆。但佛教未止于此，它还告诉我们豆即是瓜，瓜即是豆。因为每一个生命，或每一种精神、物质的活动现状，就是过去无数个原因的一个总的结果，而这个结果又是未来无数个结果的一个诱因。每个原因就是结果，而每个结果又是原因，因果链条无穷无尽。

人类的烦恼都源于我们的愚昧，愚昧滋生了贪婪、憎恨和无知。正是这三大弱点推动我们不断地转生。为了使我们摆脱愚昧，佛教阐述了三大真理：无常、无我、涅槃寂灭。

佛教徒总是用这个规则看待宇宙中的每一件事情，无论是物质存在还是物质运动都处在永恒的运动之中，不间断地来去匆匆，无穷尽地千变万化，所有这一切都可看作是生和死，开始和结束的交替转换。无论是一个人、一条变形虫（阿米巴）、一幢房子、一届政府、一场社会运动、一片海洋，还是一座山峰都逃脱不了这个进程。按照佛教的定义，永恒指没有开始和结束的持续和无变化，既然没有任何事物是这样的，那么就没有任何事物是永恒的。

称某一事物存在，即肯定该事物必然有一个自我（Atman），每一件事物都具有其独特和不可改变的特征，也就是不靠任何外界因素完成自我存在的能力。显然，这样的事物是没有的。任何事物都是由其他的事物组成的，所以没有“自我”。一个事物中被我们称之为“自我”的那个东西，实际就是一个虚空，在那里诸多外部因素汇集而形成了某种形态。

佛教启示我们没有任何事物是永恒不变的，没有任何事物是永久存在的，以拯救轮回中的一切痛苦灵魂，包括人类灵魂在内。只有当我们意识到这点，我们才可摒弃贪婪、憎恨和无知，摆脱这种迫使我们无限轮回的压力，获得涅槃的平静与欢乐。

佛祖和他的弟子们为达到涅槃，制定了一个科学的课程。对大乘教徒有两个选择，一个是显（Sutra），这是与小乘教徒共享的普通课程；另一个是密（Tantra），是特为大乘教徒中律法专业人才设置的课程。这两个课程都被包含于三藏（Tripitaka）之中。这三部佛经为：一、经：释迦牟尼口头表述的真言；二、律：释迦牟尼及其弟子制定的戒律；三、论：释迦牟尼的几个重要弟子对“经”和“律”写的注解及说明。在西藏，三藏被纳入两个总集之中，即佛经（甘珠尔）和其他人的注解（丹珠尔）。

由于西藏人是大乘教徒，他们更热衷于密宗课程。若要比较两个课程的优点，不得不提到一个传说：曾有一个讲究实际的信徒请教释迦牟尼，修显宗或修密宗各要用多少时间才能成佛。答复是：对于显宗，尚未找到比较接近的数据，一般来说是十的五十九次方；至于密宗，则需穷其一生。

自从释迦牟尼辞世以后，出现了数百个佛学派别，每一派都试图对释迦牟尼所说的话做出自己的解释。面对如此多的不同看法，却没有一家承认偏离了我们以上粗略描写的基本教义。

格鲁派

西藏所有的教派都自诩是释迦牟尼的正宗传人，但最具影响力的格鲁派的首领们却更大胆地自比其宗师，如班禅喇嘛自称是阿弥陀佛（无量光佛）的转世，达赖喇嘛自称是观世音菩萨（俗称慈悲佛）的转世。据一个佛教传说，慈悲佛是无量光佛的一个弟子。有一次他在师傅前许愿要回到轮回中拯救灵魂，从此西藏神话视慈悲佛为西藏这块圣土的保护神，认为达赖喇嘛是其化身。

以达赖喇嘛为首的格鲁派通常被称为黄帽派。黄帽派的称呼源于该教的创始人宗喀巴的一个决定，他选择了黄帽作为他本人及弟子的特征，以区别于那些由于沉溺于世俗而没落的教派。在此还应提到宗喀巴的一段逸事。正当他为帽子的颜色举棋不定时，忽然回想起10世纪的一个大师贡帕热色（Gon – Pa Rab – Se），此人以简朴纯洁的生活方式而著称，他曾经戴过黄帽子，于是宗喀巴决定采用黄色。尽管有人常常根据帽子的颜色区分西藏的宗教派系，但有时这是一种误导，西藏人更喜欢直呼各教派的本名。

宗喀巴的宗教改革，是针对13世纪以来，喇嘛声誉极速下降的局面而采取的措施。他以身作则，恢复了戒律，特别强调禁欲、戒酒、放弃世俗的非宗教性的种种追求。这一措施曾引发了一场诡辩：既然西藏的佛教是大乘教，这些琐细的戒律则只对小乘教徒有约束力；而且大乘教徒追求从轮回中解救别人的灵魂，那么应该享有权巧方便，允许有更宽松的行为空间。虽然至今这位改革家所立的标准到底保持到何等程度仍有争论，但比之于西藏的其他教派，格鲁派喇嘛的生活一般更加自律。

宗喀巴不仅在实际行动中出类拔萃，他对印度大师龙树(Nagarjuna)于公元2世纪撰写的“中观”论所做的创造性的解释，也被格鲁派视为巨著。这一学说是介于对存在的绝对肯定和绝对否定之间的一种观点。尽管我们不打算，也没有能力对这一理论做出详尽的解释，但也许可以通过一支部队的例子，作为粗浅的注解。

按推理，当一支队伍执行任务的时候，必然有一个总指挥和一队排列有序的士兵。这支队伍既可进攻又可防御，以发挥军队的作用。然而，一旦它被解散了，每个士兵都回到了他原来的职业，这个部队的建制及作用也就消失了。所以，从终极意义来说，从未存在过这支部队；但从普通和一般意义说，却又存在过一支部队。这就是“中观”。“中观”形成了格鲁派空无（Voidness）理论的基础。格鲁派的主要寺院设有五门必修课，这是其中之一。

对一个旁观者来说，格鲁派唯独在寺庙和僧侣组织上优于其他教派。布达拉宫的达赖喇嘛是至高无上的，是西藏宗教及政治的领袖。下面是哲蚌、色拉、甘丹三大寺，这三大寺不仅是格鲁派经济文化的基础，还通过它们遍布于各地的附属寺庙，对西藏的政治、宗教活动施加着决定性的影响。在政治上，只有哲蚌、色拉和甘丹这三个寺庙有资格代表广大的僧侣参加重大活动。它们拥有大量的不动产，这些庄园在封建的西藏，差不多相当于区域性的行政单位，所以它们能以行政权力行使基层司法职能。它们提供了一个机会，使僧官阶级与世俗贵族一起承担西藏地方政府的工作。在宗教上，这三个寺庙在整个西藏拥有无数个大小不等的属寺，凡是在信奉喇嘛教的地方，都有这三个寺庙颁发的并得到认可及令人尊敬的学位。除了极个别的例外，所有的上层喇嘛，包括所谓的转世活佛，必须隶属于这三大寺之一，借以得到广大公众的承认，即使达赖喇嘛也不例外。一旦即将继位的达赖喇嘛到了法定的年龄，在他行使宗教、政治权力之前所要做的最重要的事，便是参拜三大寺并加入它们的喇嘛组织，成为其中一员，而且通常总是从哲蚌寺开始。

无疑，哲蚌寺是目前三大寺中最具实力的寺庙，它拥有七千七百名喇嘛，即使不是世界上最大的寺庙，也是其中之一，并以此驰名。色拉寺有五千五百名，甘丹寺则有三千三百名。这些像谚语般流传的数字，想必有些演绎的成分。

从理论上讲，这三大寺中最小的寺庙——甘丹寺被公认为是格鲁派的发源地。拉萨的两个著名的密宗学院下密院(Gyu－Me)、上密院(Gyu－To)是它的附属寺院。这两个学院均由宗喀巴的弟子为进修怛特罗密咒（Tantra）而亲自组建。这里招收的学生都是三大寺院具有“格西”（Ge－Shi，意即博学多识、有道德）学位的毕业生。取得格西学位就意味着掌握了所有的初级课程，按照某些佛教理论学者的意见，也就具备了进修高级课程的资格。下密院、上密院这两个姊妹院校实际上就是研究生院，毕业生中的佼佼者有望得到格鲁派的最高荣誉。甘丹寺有一个据说宗喀巴曾坐过的宝座墀（Khri），至今仍为格鲁派最好的学者保留着。登上此宝座就是甘丹墀巴（Gan – Dan Khri – Pa），即甘丹寺的住持，被视为伟大创始人宗喀巴的合法接班人。格鲁派的教主应该是甘丹墀巴，而不是达赖喇嘛。只有从这两个学院毕业的资深喇嘛才有望登上这一宝座。

如果把达赖喇嘛比喻成中心，他在布达拉宫的私人佛堂和哲蚌寺脚下的乃穷寺（乃穷意为小地方），就是环绕在他周围的两个卫星。私人佛堂主要是为达赖的长寿而祈祷；乃穷寺则用于传达神谕。本来“乃穷”是哲蚌寺的保护神，后来成了这座寺院所供奉的神的俗名。随着达赖喇嘛影响的日益扩大，它也就成为西藏传达神谕的神了。与西藏其他寺庙一样，乃穷是通过人作为媒介来传达神谕的。此人必是寺中的喇嘛，并在政府中身居要职。西藏政府定期派代表前去聆听启示。在紧急情况下，甚至达赖喇嘛或摄政都会来寻求帮助。

节日中的大诵经殿

达赖喇嘛的私人佛堂，哲蚌、色拉及甘丹三大寺，下密院、上密院这两个密宗学院，还有传达神谕的乃穷寺，形成了格鲁派组织的核心，西藏人称他们为七个伟大神灵的象征。

班禅喇嘛是格鲁派的另一个支柱，他的扎什伦布寺坐落在日喀则。与达赖喇嘛极相似，他也有一个内廷：堪布会议厅，和一个独立的寺庙组织，只是规模要小得多。尽管他们视大改革家宗喀巴为鼻祖，扎什伦布寺却保留了自己的传统。正如达赖喇嘛周围簇拥着三大寺院这些高等学府，班禅喇嘛也是扎什伦布寺四大学院的中心。又如达赖喇嘛之下，修习显密宗的僧众之首是甘丹墀巴，而扎什伦布寺僧人事业的顶峰，是经过数十年显密宗的修炼才能成为的仁波且(Rin Po – Ch’en)（百宝大师）。扎什伦布寺有自己传达神谕的寺庙、自己的分寺、自己的教材和自己的学位。但是，自从 1924 年前任班禅流亡以后，扎什伦布寺就受控于拉萨政权。现在，随着十世班禅的回归，扎什伦布寺似乎再次处于未知的变化之中。因此，在下面的篇幅中，只以达赖喇嘛体系为事例来讨论西藏的寺庙组织。

喇嘛寺院的内幕

了解今日西藏喇嘛寺及喇嘛组织最好的方法，是在哲蚌、色拉、甘丹这三大权威寺庙和现代西方教育系统之间画一张类比图，虽然这样的比较难免牵强，但仍不失为最好的方法。

这三大寺中的任何一个寺，都是由拉期（La – Chi）（大学）、扎仓（Dra – Tshang）（学院）和康村（Kham – Tshen）（近似宿舍）三层组织组成。其体制的中坚为扎仓，就像现代大学中的学院，它是一个小实体，在财务和教学上有自主独立的体系。它拥有自己的财产、不动产和收益。此外在课程、教材和戒律方面，有高度的自治权力。下密院和上密院都是独立的扎仓。

扎仓的活动中心就是诵经殿，这里也是我们可以看作院长的堪布（Khen – Po）所领导的管理委员会的所在地。像哲蚌、色拉、甘丹这些政府资助的寺庙，首先从具有格西学位的毕业生中选出堪布，再由达赖喇嘛或摄政从若干个候选人中确定一名，任期为六至七年。除了对外代表扎仓，堪布还任命委员会成员，以协助他管理内部事务。这类委员会之间有某些细小的差异，其最重要的组成人员不外是：掌管总务和财务的大总管；领经喇嘛，有点像教务长和学监。所有职务都有任期年限，教师不在职工之列。其实，在喇嘛寺院根本不存在教员，除了堪布在课堂上给予的一些提示外，喇嘛可以根据自己的经济能力决定拜一个或几个导师，学习不是强制的。那些专心治学的喇嘛被称为“学者”（白恰哇 Bai－Ch'a－Wa），以区别于其他四分之三的普通僧人。

堪布定期地在有树丛的地方给这些喇嘛学生上课，这种露天课堂是集体学习的主要地点。堪布做过短暂的讲演之后，学生们便开始嘈杂而像演戏般地辩经。

扎仓下面更小的组织就是康村，它是以地区为基础而建成的。按传统习惯，来自四面八方的喇嘛依据其乡土或语言加入相应的康村。如没有重大的置疑，这一传统一旦建立是不得改变的。每个康村也是独立的财务单位，尽管他们都从扎仓的总收入中平均地分到自己的一份，却不与其他康村分享。

康村也有一个大经堂，周围布满了其成员的宿舍。康村的僧人从资历深的僧人中选出管理委员会的成员，资历最深者为主席，其余为副手。主席这个职务须承担许多责任而无报酬，所以每个入选委员会的新人都必须轮流坐庄。那些不愿任此职务的人必须交纳约定的豁免费。一个小规模的扎仓可能没有附属的康村。最大的扎仓在哲蚌寺，它拥有二十三个康村。由于财务独立，有时康村比它所属的扎仓还要富裕，这样的康村可能拥有众多类似它的微型单位。无论大小，康村总是承续着扎仓的课程、教规和除了财务外的其他事物。

拉期委员会是所有独立扎仓的上级组织，掌管着整个寺庙，该委员会在诵经殿里履行职务，此大殿被称作措钦（Tsho－Ch'en)。通常建在寺庙的中心，并永远是喇嘛城中最壮丽辉煌的建筑物，能容纳几千名僧人。大殿的正前方是一个石板铺成的院子,那里有两根高耸的旗杆。正如诵经殿这一词所表示的功能,这儿是整个喇嘛寺僧侣大会的道场,他们定期在此举办法事。

拉期委员会由喇嘛寺内所有扎仓的现任院长，即堪布们组成，这些堪布均服从于总堪布。拉期委员会的其余成员也就是扎仓委员会的其他成员，只是名称不同。由于这些人员举足轻重，所以他们先由喇嘛寺提名，然后再由达赖喇嘛或他的摄政任命并确定任期。

除了这三个委员会处理日常事务外，还有一个立法性质的

小活佛聆听
博学的经师讲课

会议，它可以召集康村、扎仓和拉期三级中任何一级的会议，以解决紧急事务。不管什么人都必须在他担任康村委员满期，或交纳了豁免费后才有资格出席扎仓的会议。堪布召开扎仓会议，康村全体选举出的代表和所有的格西喇嘛都要出席。同样，拉期委员会召开拉期大会，所有扎仓的代表也要出席。如有不同意见，最终的决定权当属于达赖喇嘛或他的摄政。

我们说过，喇嘛寺中这三级组织中的任何一级都是独立的经济实体。喇嘛寺的所有资产，无论是来自政府，还是私人捐赠，都照章分配。政府的资助包含实物、基金、不动产，甚至地方行政辖区；私人捐赠则是僧众或外部人员捐给的钱及实物。在此，还应加上喇嘛寺可以从放贷、经商所获的利息、红利。这种分别占有财产的做法，正是来源于传统的地域集团。一位来自贵族家庭、殷实之家，或资金雄厚的大寺庙的喇嘛成员，对本集体来说绝对是一笔财富。

在拉期、扎仓和康村这三个委员会中的任职人员都是名副其实"膨胀的衣架"。所有的西藏人，包括僧人在内，都喜欢炫耀、讲排场。所以上述每一位人员都在长袍里穿一件垫衬得厚厚的马甲，以便看起来更加伟岸。其中，以铁棒喇嘛的衬衫最为宽大。每个喇嘛寺有两个铁棒喇嘛。他们穿的马甲是他们身材的两倍，还穿着厚底靴，总是昂首阔步地走来走去。每个铁棒喇嘛都挥舞着一根约三英尺长、方形铁制的华丽的权杖，杖身包金镶银，顶部缀有彩色流苏，这是他们绝对权力和公正的象征。他们的威慑力强大无比，执行公务的时候，总是以铁棒喇嘛为开道先驱，吓得喇嘛们纷纷退让，那些来不及躲避者只得伸出舌头，磕头谢罪。为了更好地维持秩序，每个铁棒喇嘛都随身跟着一队高大勇猛、肌肉隆起的禁卫兵，包括一个装束打扮酷似铁棒喇嘛的人，他的手里也握有一根铁棒。

在所有寺庙的督察中，当属哲蚌寺的铁棒喇嘛最有权力。每当两万多喇嘛涌向拉萨，参加西藏新年的大祈愿法会时，哲蚌寺的两位铁棒喇嘛便成为拉萨的法制监督员，他们控制着宗教的和世俗的社会群体。（此时，他们一改平日的威严，成为大家众星捧月的对象。）当他们在这支雍容华贵、耀武扬威的队伍中出现时，其场面隆重而壮观，藏人疯狂地冲上去观看，在他们身旁涌动着，就是冒着挨鞭子的风险也在所不惜。

一个喇嘛的入教和成长

形形色色、成群结队地投奔到喇嘛寺的人物各有所求，有的是为了受教育，有的是为了提高社会地位，有的是为了专业培训，还有的纯粹是由于无处可去。喇嘛寺本身就是一个社会。格鲁派是一个绝对的男性世界，在不违背佛教基本宗旨的前提下，每个人都可以有自己的追求。每一个寺庙，就像是一个伴着蜂巢里嗡嗡的诵经声使人成长的城市，那儿是一片多层的楼房和遍布其间像迷宫一样狭窄的小巷。遥望那些外表粉刷成白色，点缀着许多窗户的建筑物，不禁使欧洲游客联想到地中海旅游胜地里维埃拉（Riviera）的现代化酒店。

从理论上讲，喇嘛寺对所有的凡夫俗子都敞开着大门，没有年龄的限制，没有学历的要求。年龄可以从五六岁到五六十岁，无论是学者还是文盲，富人还是穷人，贵族还是无名鼠辈都享有同等进入寺庙的权力，至少理论上是如此。一个格鲁派的喇嘛，即使已被确认是转世活佛，也必须先进入三大寺之一，并确认为是其成员，才能得到社会的一致认可。

要想进入三大寺，必须有一个保人，该保人应是这个寺的成员，愿意为申请人承担无限的责任，并确保申请人的优良品德。堪布的一句话便可一锤定音。新来的人一旦被录取，要剃发并购买制服，一般是一个围裙、一件短马甲和一个裹身长袍，这些衣服都由褐色呢绒布做成，还有一双尖头向上翘起的皮靴。如此装备完毕，他便被带到指定的康村宿舍，注册名单由扎仓的学监保存，这样就被看成是集体的一员了。

作为一名成员，他不仅不用向寺庙交纳任何费用，还有资格从喇嘛寺三级机构那里得到实物或钱的补助。作为回报，他要向这三级机构提供差役（khrai）。差役一词概括了一个西藏人向他的领主应尽的一切义务，无论是向一个人还是一个合法的机构。一个喇嘛对寺庙的义务，可以是僧侣大会时端茶倒水，做些体力劳动，也可以是在各类管理委员会做些无偿工作。某些有利可图的职位竞争异常激烈，最后均以竞价的方式给予出价最高的人。凡是了解西藏的人都有一种共识：行贿受贿在当地不算是严重的过错。所以，为了免于服差役，可以用钱购买，只要肯花钱雇佣代劳，就永远不愁找不到劳力。

捐资购买一个特权身份，可以较合理地躲避差役。例如成为转世活佛，也就是神在这个世界上的化身，就自然不用服役了。但这一身份有它必需的条件，而取得活佛的身份必须经过特定的程序，然后才能得到僧侣大会的承认。整个过程是这样的：先向达赖喇嘛递交一份正式的申请，达赖喇嘛秘书处掌握着这些转世活佛的名单，并授予每人一个相应的等级。总的来说有两个主要的等级：措钦活佛和扎仓活佛。一旦批准了申请，这位转世活佛就必须按他的级别在寺庙或扎仓的僧侣大会上请客，为所有的人供茶煮粥，同时还要布施和捐赠。这种场合也就是赠送礼物和盛宴款待的庆祝活动。之后，转世活佛立即荣升到诵经殿里与其地位相符的一个宝座上（又称坐床）。

在扎仓和康村的大经堂也是如此。这样他就是一个正式的公认的转世活佛了。只要得到了哲蚌、色拉、甘丹三大寺中一个寺的承认，就等于得到了全西藏的认可。这才是活佛首要的目标，免除服役只是顺带的结果。一旦成为转世活佛，他在任何地方都将得到与他的级别相称的尊敬与爱戴。格鲁派的大转世活佛，包括那些有资格成为达赖喇嘛委任的摄政的人，都属于措钦级喇嘛。

可是，并不是所有的人都可以成为转世活佛。所以那些有钱财的普通僧人可以通过类似的程序，申请另一种特权身份群则(Ch'on－Dse)。在措钦、扎仓、康村三级，依照相应的捐赠和回报标准，都可以申请群则。

具有特权身份者享有多方面的利益，其中之一是缩短四至五年的学习时间。从经济角度讲，这个特权身份赎买了时间。对给予这一优惠条件自有相应的解释，既然这个特权僧人已免除了所有的差役，就有更多的时间用于学业，所以应当允许他早毕业。

联想到三大寺众多的喇嘛和所需的大量礼品，为取得特殊身份而捐赠的金额一定非常巨大，远远高于一般僧人的平均收入。我们不清楚这个制度到底在多大的程度上造成了僧侣等级制度的衰落，那些较开明的西藏人士为此而深感惋惜。

一个喇嘛教徒的课程

值得一提的是，在一座寺庙里既有专心学经的喇嘛，也有不学经的僧人。后者中，有的专攻百姓日常生活中的宗教礼仪；有的擅长诵经；有经商天赋的，就学习如何运作寺庙的资产或做买卖；还有的专攻书法及工匠这样的工艺技能；另有一些难以归类的僧人，从仆人、随从到那些被称为僧兵的僧人都在此列。

僧兵(头陀 Do Tho)，藏文是粗汉的意思，顾名思义，他们确实是这样的人。他们差不多都是文盲，在喇嘛社会里形成了一个贱民阶层，僧俗两界对他们怀着既蔑视又恐惧的复杂情感。

还没有人对僧兵这一奇特的阶层进行过深入的探讨，但它的组织形式承载着悠久的历史痕迹，而且至今存在于所有较重要的寺庙里。所有格鲁派的喇嘛中，只允许他们蓄发。他们非但留着头发，而且弄得弯弯曲曲的一缕一缕地垂下来，就像姑娘烫过的头发。他们穿着两层打褶的围裙，外层比内层要短得多，每当行走时，围裙被他们惯用的一种特别训练有素的轻盈步伐带得左右摇摆。他们有自己的祭礼，崇拜自己的神，唱自己的圣歌，在内部培养集体主义精神。这种精神最重要的特征是对主子的无限忠诚，为同伴可以肝脑涂地。他们对其敬神的仪轨和组织结构绝对保密。每天，他们在黎明前起床，洗冷水浴(在西藏的冬季，这种行为绝对是一个壮举)，朝气蓬勃地做操，练习摔跤、角斗、投掷石块、跑步、跳远、舞剑。他们中的大多数是“砍柴挑水”的苦力。其中的上层组成一股后备力量，督察喇嘛就从其中挑选自己的心腹。遇到节假日，特别是藏历新年，这些霸道横行、大摇大摆的喇嘛身着盛装，佩剑，持鞭，握棍，维持公共秩序。紧急时刻，一个极小的诱因就足以使他们大刀阔斧地采取一般喇嘛做不出来的举动。他们保护家园，防止入侵，护卫商队，大喇嘛出游时做保镖。因此他们是喇嘛寺必不可少的组成部分。如果他们有抱负的话，那就是将来成为督察，特别是哲蚌寺的铁棒喇嘛，那是他们最崇拜的偶像。

除了学经喇嘛以外，不学经的僧人与喇嘛寺的关系，实际上是经济因素重于宗教信仰。他们中的大多数来去自由，因而大部分人永久或半永久地缺席。即使这些僧人学到了许多佛教礼仪，但他们并不太留心佛经的意义，因为他们几乎都是文盲，无论寺院大小，都是这样。这是一件令外人非常吃惊的事情。

只有学经喇嘛才具有僧人向往的锦绣前程。他们中又有界限，区分为两个僧侣集团，一个僧团是指那些自称来普度众生的神佛的转世，即达赖喇嘛以下不同等级的活佛。按规定，一般他们应被归入学经喇嘛，尽管作为转世活佛，他们既无时间也无耐心来完成学业。另一个僧团是指那些没有超凡血统的喇嘛，他们只有通过学“经”来飞黄腾达。这就是所有学经喇嘛的毕生事业。

入学没有任何年龄和学历的限制，新生一律从藏文字母学起。由于没有师资，新生必须从老生中寻找自己的老师，这就要付一定的学费。大多数情况下学费是以实物，并按老师的级别付与。私人教师给堪布的推荐信足以保证新生升入正规班级。文盲和儿童可能要学五、六年的预科，而对语言及宗教已具备一定基础的人，则只需几个星期。

一旦进入了正规班，就可依班级循序上升，一年自动升一级。也就是说，如果一个学生学完一年以后，离开寺庙三年，当他再回来时，便自动升入五年级。全部课程为十五至十六个年级，每个年级都有不同的名称。每个班在学监指定的露天课堂上课，每年换一个地点，如此依照顺序升迁。一旦读到最高年级，就有资格参加格西大考。但要想成为格西喇嘛，就要为送礼物、设宴款待、给扎仓僧侣大会捐款而花一大笔钱。所以，很多人不等拿到格西学位，甚至连毕业班都不读就离开了。而有特殊身份的人，则可以比其他人早五至六年参加格西大考。由于从未听说过有落榜考生，便自然而然地形成了一个惯例，有些学僧离开寺院几年后，竟还能再回来完成全部课程。

格鲁派的权威寺庙提供五个基础课程，每个课程需二至五年方可结业。尽管教材和课程的安排因寺庙而各自为政，但主科一律包括：因明学、戒律和中观。

学经喇嘛的日程安排均以拂晓时分在大经殿里诵经开始，每人必须出席。在学监和其助手的监督下，僧人排队通过不同的门进到有很多支柱、阴暗的大殿里。每个喇嘛都在一条狭长的西藏羊毛地毯上找到自己的位置。这种场合，喇嘛都在正规制服外披一件褐红色的大斗篷。高班的喇嘛都戴一顶黄色帽子，其形状就像沿内边装饰着绒毛的水牛角。学生们都按照佛祖的姿势打坐，在一个留有十字形通道的大堂里肩并肩地坐着，所有的角落和壁龛里都挤满了人，他们之间只留出狭窄的通道。大厅最里面那几个高高的座位是堪布和前任堪布的专座，这些人就像身后那一排镀金佛像一样，向下俯视着众喇嘛。领经人趺坐在众喇嘛前面的一个讲台上，整个仪式就是诵经和定时的休息饮茶。诵经是西藏一门伟大的艺术，那是一种没有任何旋律的深沉的低音，交替地变化着速度和音量。领经人的嗓音就像远处发动机发出的震动声，当数千个这样的声音汇聚在一起，再加上数千只手有节奏的击掌声，就像是大海在远方呼啸，间或伴有激浪拍打岩石的声音。这是一种在荒凉的山谷里夜以继日地磨炼数年才可学成的艺术，没有什么比这种声音更容易使人联想到西藏的神秘和深不可测了。

小憩时，“新人”将装在大壶里的、加上盐和酥油的浓酽的藏茶端给众喇嘛。每人则从口袋里拿出一个小木碗，举在身前等着接受自己的那份。每天早上免费提供三四碗这样的茶，喇嘛在饮最后一碗时，拿出装糌粑的口袋，往茶里倒一些焦干的糌粑粉，经过搅和，再用茶水把面粉捏成一个个小球，然后抛进嘴里。这就是早餐。

所有这一切都是在学监的控制下进行的，他严厉地呵斥着，必要时还果断地挥舞他的大棒。这份早茶是政府提供的一种补助，饮料中的酥油、砖茶、盐和小苏打的分量，是按照陈年秘方配制的，由专门的官员监制。煮茶的锅有九英尺宽，四英尺深，煮茶时需几十人参与。所以多年来流传着一个笑话：即使有一个厨师突然掉进煮沸的锅里消失了，也不会引起什么人的注意。

早经结束后，喇嘛们回到各自康村的大经堂里，像早上一样排坐在那里诵经。然后在室外上课，他们坐在地上，一班为一组。如果堪布到来坐上讲台，各组便轮流蹲到他的面前听他讲经。他只用低沉的嗓音讲几个简明扼要的句子，便挥手让他们走开，以便开讲下一课。就这样，每个班都在学监的大棍监督下前来听课。一个班在接受教诲时，其他的班便围成圆形练习辩经。

格鲁派极为重视这种开放式的辩论。在这种流行的辩论形式中，答辩者必须就一个问题回答众多挑战者的提问。一般先由一个挑战者提出问题，只允许答辩者用是与否来阐明自己的观点；一旦给出答案，答辩者要遭到连珠炮式的质问，问题是针对答辩人立场而提出的，质问者就像是法庭上的检察官，环环相扣，穷追不舍。他们遵循佛教辩证法严谨的逻辑思维，并总是引经据典用佛经中恰当的经文作为结束。答辩者从头至尾都坐在原地，他必须尽可能简洁地回答问题，并保持泰然自若的风度。但挑战者的表达方式和行为举止却可以随意发挥，他们在听众烘托的热烈气氛中大声喊叫，手舞足蹈，乱开玩笑，甚至奚落辱骂。经常是两三个挑战者同时慷慨陈词，当答辩者不能自圆其说的时候，气氛显得尤其热烈。这样的辩论是喇嘛教学中惟一的考试形式，是得到学位的一个绝对必须完成的步骤。

课后，大家重又汇聚到康村的大经堂里。康村的主管提供酥油茶，大多数的喇嘛此时进午餐，整个过程与早晨相同。下午五点开始另一次的诵经和露天辩经，并持续到晚上。有时，学生会被请到扎仓的大经堂里免费饮茶，这种免费茶对贫困学生是很大的帮助，他们几乎赖此为生。而那些幸运儿则在自己的私房里用餐。不少人还雇了厨师和仆人，住在寺方慷慨提供的一套房间里。

喇嘛寺里也有类似于学期的学制，一学年为两学期。比世俗的藏历新年稍早一点，新年过后，就开始一个学期。每到此时，所有的喇嘛都蜂拥到拉萨参加大祈愿法会。但新年假期之前，哲蚌、色拉、甘丹寺的学生先要汇聚到拉萨西南方向一天多路程的地方，那儿有一个专门的因明学讲座，是由一个与哲蚌寺有关的寺庙义务举办的。第二个学期与第一个学期之间是大约一个月长的暑假。这段时间，学生们则退息于附近的各类隐居处，冥思默想这短暂且虚幻的人生。

毕业及未来

喇嘛寺里没有我们所熟知的现代校园的那种“毕业”，一旦升入最高班，按一种奇特的倒算法又被称作一年级，如无处可去，可终身留下来。不过无论如何，他已具备申请格西学位的考资格试。格西学位相当于学士学位。

哲蚌、色拉、甘丹寺的格西学位共有四级，两个较低的级别可以由这三大寺径自授予，另外两个较高的级别，则在地方政府的监督下授予。一个具备资格的考生须得到堪布的许可，方能参加格西考试。考试一般是在暑假后举行。考试形式是在堪布面前辩论，堪布当场从五门基础课中选出考题，由五个选出来的资深喇嘛就此考题轮番向考生发难，堪布最后决定每个考生应取得的格西级别。从未听说过有落榜生，中榜生的传统庆祝活动，便是宴请考生所属的扎仓和康村的全体喇嘛喝茶吃粥，如可能还要布施。这时，不仅喇嘛，还有其亲属及俗界的朋友都要前来参加，他们互赠礼物，多次宴请。这笔花费和必不可少的礼品，对广大贫僧来说无疑是难以承受的负担。

西藏地方政府每年限定三大寺较高两级格西考生的名额。除了已提到过的堪布的初考，考生还要在罗布林卡，也就是达赖喇嘛的夏宫参加复试，以及新年庆典时在拉萨的公开终考。藏历新年拉萨有两个重要的宗教活动，第一个是默朗钦波祈愿大法会(Mon - Lam Chen - Po)，又称“传大召”；第二个是充曲会供法会(Tshom - Cho)，又称“传小召”。传大召期间参加考试的为第一级格西，传小召时参加考试的为第二级格西。为了捍卫佛经的真理性，这两级格西的每个人都会被派到拉萨的大昭寺坐考一天。在那里，任何人都可与他们展开充满智慧的激烈辩论。

西藏学者往往花费很多时光冥思苦想

到此为止，我们已经讲述了一个喇嘛从注册入学，到获得学位毕业的整个过程。此时他已达到显宗的顶峰，如果要追求更高的名誉，面前尚有一整套的密宗课程。这里有一个佛教徒最基本的论题——显宗密宗各自的长处和学习的先后顺序。格鲁派所支持的一派理论认为：一个普通信徒修炼成佛的理想方法是以显宗开始，以密宗为继——从知其然深入到知其所以然。一个显宗的高僧——格西喇嘛，必须继续在上密院和下密院修习才可达到喇嘛事业的顶峰。

西藏人对两密院的喇嘛，怀有一种亲切的好感。这两院均以扎实的功底、严明的戒律、清苦的训练著称。它们不给任何人以特权地位，包括转世活佛，所以只有极少数的转世活佛能入院修习。它们的戒律涵盖了生活的方方面面，包括衣着、饮食和睡眠，以及那种极其神秘，只有得到传授的人才适合去做的行为。

两个密宗学院的学者们要修习瑜伽，据说这是一种凡人永远无法体验的，使肉体和精神升华到美好境界的运动。他们维系着一种独一无二的师徒相传的传统，有无数的仪式和无数个非我们常识所能设想的象征物。他们依照一个精心设计的计划对学生进行培训，最后要达到拥有完全控制精神和肉体的能力，从而产生个体（有限）和宇宙（无限）的融合。每个喇嘛选择一尊自己偏爱的神，作为其完美的偶像，并重新塑造自己的个性，在合适的环境中使其个性与神合为一体。但是，只要看一眼这许多神秘的男女神像，就足以震撼俗人的审美观和道德观了。达赖喇嘛从密宗学院的毕业生中选出佼佼者在学院授课；从密宗学院任职满期的堪布中产生格鲁派的大座主甘丹墀巴的候选人。

密宗教学中有一个有趣的现象，学习密法的僧侣们在拉萨及近郊漫游的时间，远远多于在本寺的时间。他们按照一定的路线从拉萨旅行到两至三天远的地点。在这样的行程中，每个学者都要背着自己的行李，徒步走完全程。只有堪布被特许骑马。这样，两院师徒们年年往返于固定了的路线上，就像一个星座中的两个行星。理论上讲两密院附属于甘丹寺，所以他们每年会在甘丹寺会一次面。此时，两密院的堪布要为各自的员工和学生向甘丹寺的主管为这一学年请假。

喇嘛教徒的等级制度

像古希腊人一样，西藏人不仅赋予神以人性，而且把人类也奉若神明。他们认为这个世界上到处都是来自其他世界的游客。每天能碰到活佛和资深喇嘛，并不足为奇。他们认为这个世界不过是上下无数个台阶中的一级，芸芸众生，从佛祖到地狱中的罪人，都在情愿或不情愿地攀登着这个阶梯。所以，西藏人既尊敬来到人间普度众生的神，也崇拜上升到神界的人。

基于这样的信仰，喇嘛教的等级制度包含着两个方面，一是天生的等级，一是学识的等级。

就学识等级而言，一个普通的格西进入密宗学院，也就意味着他步入了无望得到高学位的无限期的培训班。所以，大多数格西几年后便离校自学，或成为某些寺庙受尊敬的喇嘛。持有一级格西学位者，才有按学院记录的资历次序升入学院领导阶层的机会。一旦出现空缺，一级格西中资格最老的就可以得到晋升。这样，他可能被提升为堪布。他在堪布任期结束、全职退位后，他的名字将保留在一个特有的名册上。这两个密宗学院的资深喇嘛被视为律法元老（Deans of Law），他们是格鲁派大座主甘丹墀巴的候选人。

甘丹墀巴和两位律法元老被当作三圣人（宗喀巴和他的两个大弟子）在世的象征，像神一样受到信徒的崇敬。但他们不是被当作转世活佛，而是被当作曾经的凡人，现已在有生之年修炼成佛的圣人。如果没有奇迹，粗略计算可知，从一个初入门的喇嘛到大座主的历程需半个世纪。

至于天生的等级，我们不知道目前西藏有多少转世活佛，一定有数百名自命不凡的圣人，都自称是从天国降到人间的。达赖喇嘛的秘书处掌握着一个名单，记载着那些公认的转世活佛，其中为首的则是有能力成为西藏地方摄政的人选。如果再加上那些未得到官方承认的活佛和其他派别的活佛，数目将多得惊人。超量的活佛已经成为西藏人自己调侃的话题。

许多其他喇嘛派别，例如萨迦家族等等，早在格鲁派之前就已存在，其中一些至今仍拥有大量的信徒。萨迦家族的座主是世袭传承，而不是用转世活佛的方式。目前两个旁系延续了萨迦家族，两系的首领轮流任终生座主。家族的男子被允许结婚过世俗的生活，女子却必须保持童贞。

喇嘛王国里一个独特的等级，是桑丁寺(Sam－Ding－Ling)的女转世活佛桑丁·多吉帕姆，她被称为金刚亥母女活佛。距江孜以东两天路程的地方，有一个美丽的湖泊，她就住在湖边著名的桑丁寺里。有许多传说称，她本是所谓的母猪女神的转世，属于噶举派的一个分支，曾得到过中央皇帝授予的封号。作为西藏所有转世活佛中的唯一的女性，她有自己的侍从机构和一座寺庙，但其中的僧人却全部由男人组成。由此不禁使人想到妇女在喇嘛王国究竟占据何等地位。无论是喇嘛教还是佛教，女性的地位都明显低于男性。据说，一个妇女要想修炼到涅槃，必须首先再生为男身。尼姑和尼姑庵在喇嘛界是微不足

两位大喇嘛

道的。但是在密宗怛特罗（tantric school）修习中普遍存在着对女性力量的崇拜，如成仙成佛的欢喜佛，妇女起一种虽然低下却必不可少的作用，专业术语称之为双修伴侣。

就像很难证明转世活佛的真实性一样，要想否定他也绝非易事。即使达赖喇嘛的权力，也无法阻止活佛的日益增多。曾经有过按照地方政府的意旨使转世制度系统化的尝试。人们也未尝没有听说，有的活佛被达赖喇嘛或提升或降级，甚至废黜。当然，一旦这些喇嘛被公认是神，这些事自然就被当作神灵之间的事来看待了。

如果用尘世的眼光审视活佛转世制度，不难看出：这个制度纯粹是各个经济集团用以延续其存在的工具，转世活佛起着组织上的首领作用。每个转世活佛都代表着某个集团得以生存的既得利益。一个活佛的自然继承人，至少在格鲁派中是不存在的，这种唯一的挑选转世灵童的设计，是为了避免内部分裂，保护这个合法团体，以延续香火。

寺庙和神的启示

每个寺庙都被布置得同样难于描述的阴暗和混乱。从无设计与安排，大大小小的佛画（唐卡）随意地与小佛塔和坛城（在怛特罗仪式中宇宙的塑像）混在一起，有些就挂在放有布满灰尘的佛经的书架前。醒目位置上的大塑像，可能是一个转世活佛或是这个寺院的堪布，而释迦牟尼像却被塞在某个阴暗的角落。一个极不起眼的小佛像可能备受崇拜，就因为传闻他曾张口说话。据说，全西藏有许多会说话的佛像。为了防止被盗，有的屋子里把几百个小佛像用绳子连起来，成排地放在幔帘和铁条的后面。偶尔你会在一间干净而明亮的房间里看见一尊巨大的佛像，不禁联想到内地和日本的寺庙。但随后，你又置身于黑暗之中。喇嘛寺里有许多有趣而罕见的事物，但并非凡眼所能见到，而是隐藏在阴暗的经堂里、潜伏在漆黑的通道中、匿藏于幔幕之后、置放在陡而滑的楼梯的两侧，这些地方你往往会被领着疾步走过。当你畅游喇嘛寺一两次以后，仍会觉得增加的疑问与好奇远远多于满足。西藏所有的喇嘛寺都大同小异。

红帽派的

西藏的喇嘛寺，不论大小，都有一间不见阳光的最黑暗的屋子，这是护法神的殿堂。对护法神的崇拜源于苯教和佛教的交融，在西藏颇为盛行。有关对护法神的信奉及此种崇拜的兴起有许多离奇的传说。西藏人认为，公元7世纪，西藏是在一群男女恶魔的统治之下。在莲花生大法师入藏前，神学家寂护法师（Shantarakshita）曾经破土动工了西藏第一个佛教寺庙桑耶寺，但他却无力与这些恶魔抗衡，无论他白天建什么，晚上都会被夷为平地。所以，莲花生法师被请来惩治它们。这些男女恶魔在莲花生法师从印度途经尼泊尔来西藏的路上设置了重重障碍，非但没有奏效，它们自己反而被依次征服，并最终皈依佛教，从而成为佛教的护法神。

在通往护法神殿的甬道上，总是悬挂着各种野兽的躯壳，如野牦牛、熊和老虎，它们从天花板上俯冲下来。墙和房柱上挂着老式的火绳枪、刀剑、长矛和盾甲，几个雕刻的或是画就的金刚守卫着入口，有的还被配有大锁的沉重铁网防护着。走进殿内，一个手持闪烁不定的酥油灯的向导会压低嗓子，带你走向排列成行的男女诸神。他们面相凶残，隐藏在神龛、幔帘、哈达和幕布之后，比直接面对让人更富于想象。向导不敢泄露他们的真实名字，他会借用手中的灯光，故意只让你清楚地看上一两次。你看到的可能是一只怒视的眼睛、一个头盖骨、一只野兽的可怕头颅，也可能是踩在血肉模糊的尸体上的一双脚。所有这一切都笼罩在黑暗神秘的气氛中，周围夹杂着酥油祭品散发出来的特有气味。还没等你的感官适应这里的环境，就已被催促到门口。向导在那儿鞠躬致谢："我已带你看了一切，你是一个幸运的人。"某些神龛，妇女与儿童不准入内，否则会触怒男女恶神。

还有一件事与对护法神的崇拜直接相关，那就是求赐预言的买卖生意兴隆。如哲蚌寺的守护神降神大师乃穷，他已是西藏地方政府的预言家。由于西藏老百姓特别渴求精神上的指引，全西藏想必有数百个预言家，他们都是通过人体这个媒介来传达神谕的，许多人拥有正式的身份。有男神女神的代言人，也有男女恶魔的代言人。他们中，有的熟练于预言整个民族的命运，有的精巧于占卜个人的未来；有些以能控制自然力为其专长，有些则以能驱赶妖魔邪气而闻名。有些媒介是男性，有些媒介是女姓，有些媒介只为某个男神或女神的代言者，而有些却是几个神的代理者。有些降神师是家族世袭，有些是寺庙传承；有的家族只传女儿，还有的只传儿子；一些预示祸福的护法神隶属于别的神，而一些神又与其他的神为死敌。

西藏有一个可称为世界上最怪的庆典活动：每隔十二年，一逢猴年，西藏地方政府的预言家乃穷就要做一天的东道主，宴请拉萨及附近大大小小的预言家去乃穷寺做客。当天，要以盛大的仪式从大昭寺迎请莲花生法师的画像。在西藏地方政府代表的监督下，所有的占卜大师都要表演降神术直到神灵附体。他们围着殿堂排列成行，以男神女神的身份随队行进，同样神灵附体并失去常态的东道主乃穷以及莲花生大师像殿后。这一天的其余时间他们都在狂欢，这是纪念大师降伏男女恶魔，并使之皈依佛门的盛举。这个庆典被西藏人称为“神的一次考试”。

第四部分

一个属于神，被神统治并为神服务的政府

寻访转世灵童

当一位西藏朋友问到民主的定义时，我们告诉他，这是指一个由人民组成的政府，并为人民服务。他沉思片刻，总结道："这么说来，我们的政府是由神组成，被神统治，并为神服务的政府。"

越深入地思考西藏地方政府，就越发钦佩西藏人天赋的政治适应能力。这里，我们先不谈这个神权政府管理下的极易轻信、朴素的劳苦大众。西藏的神权政治似乎是建立在这么一个理念之上：运筹帷幄，尽量减少中央政府的统治。例如，当西藏的宗教领袖为了统一、巩固自己在西藏的地位，以及为了抵抗外国的入侵而需要依仗中央的政治和军事威力的时候，西藏拥戴中央，视之为最慷慨的资助人和强大的保护人，自己则满足于一个纯宗教的角色，而把尘世间的诸多麻烦推给中央处理。但在另一种情况下，当中央政府国力衰弱时，西藏上层便声称中央对佛教只是一个施主，自己才是佛教的主宰，从而想确立管理自己一切事务的地位。为了进一步促进与中央的这种弹性关系，西藏地方政府试图把政治溶入宗教。而不论在哪一种情况之下，西藏人都认为自己处于喇嘛教至高无上的地位，唯独宗教才是西藏人的头等大事。这种意愿也反映在首府的命名上，作为长达十三个世纪的西藏神经中枢，也就是达赖喇嘛的所在地拉萨，这一地名的原意就是“神之地”或“圣土”（Land of God）的意思。

姑且认为达赖喇嘛是慈悲佛观世音（Chen - Re - Zi）的化身，观世音佛既然下凡到西藏来解救众生，人们自然认为，他在完成使命之前是不会死的。而且，从始至终对他的继任不应有任何置疑。但是按照传统说法，他的死无异于人类的死亡，他所寄居的肉身到了腐烂的程度就是死亡。西藏人对此的解释为，他的灵魂“不过是隐退到天堂去休息片刻”，他还会信守拯救我们的誓言，一次又一次地返回人间继续执行他的使命。他每次回到世间，都会附在一个新挑选的人体上。这样，如何以及在哪里能找到达赖喇嘛的转世灵童，是西藏占卜术面临的一个至关重要的问题。

西藏的占卜术并无固定的规矩可循。必须研究圆寂达赖的过去、现在和将来三个阶段，找出其中的因果关系，才可确认达赖的转世灵童。首先要研究达赖圆寂时或之前有什么迹象，才能知道这位救世主将在何时何地再生。这些迹象又类似预示世界毁灭那样的深奥，只有屈指可数的几个受过传授的大师才可破解。达赖不经意间说的一个字，做的一个手势，他遗言中的一句话，写作中的一行字，以及他升天的地点，最后一刻带在身上的物件，甚至他持有这些物件的方式，都有可能成为解开这个深奥疑团的钥匙。

第三世、第六世和第十三世达赖转世灵童就是用这种方法选出来的典型例子。据说，当第三世达赖喇嘛在蒙古即将圆寂之时，他的身边围着许多蒙古王子，他们祈求他务必返回到他们之中，以继续精神上的引导。这位圣人表示自己也有同样的愿望，就撒手人寰了。第二年，一位蒙古王爷俺答汗（Altan Khan）的家里就诞生了一个儿子，俺答汗曾是三世达赖喇嘛的保护者。大家认为，这个孩子的降生，就是为了实现圣人的许诺，于是他被迎请到拉萨，并被尊为第四世达赖喇嘛。浪漫的第六世达赖喇嘛宁愿用自己的教主地位换取拉萨一位美女的芳心，身后留下了六十余首关于美酒、女人和歌曲的抒情诗。有一首诗，吟唱一位恋人的离别，他许诺一定早日归来。在另一首诗中，他富有诗意地想像坐在仙鹤的翅膀上飞到西康，当年第三世达赖喇嘛曾经在那儿建立过寺庙。在喇嘛诗人神秘地死亡后，曾有两人被提名为他的候选人，所有的西藏人都支持那位来自西康的候选人，因为大家认为他才应验了诗中朦胧的许诺：从西康早日归来。据说第十三世达赖临终前多次表示要去趟内地的愿望。他是趺坐入寂的，一般的正统喇嘛也都是以趺坐姿势入睡或圆寂的，人们发现他面向东方，后来，他的继承人，即现在的这位达赖喇嘛就来自内地——东方。

当然，最初寻找转世灵童并没有掌握足够的线索，于是抽签、占卜、降神、解梦等等，去寻找更进一步的证据。为了祈求神灵的指引，特别的仪式被安排在重要的寺院里举行。在那儿，持续地向“慈悲佛”观世音佛念经祈祷，催促他重返人间。总之，西藏预言科学的全部能量都被占卜的喇嘛们充分地调动起来了。毕竟不是所有的预言都能准确吻合，一般更看重首席占卜大师乃穷传达的神谕和出现在著名的拉姆纳措湖畔的幻景。

据说，西藏的许多湖泊都可告知未来。经过灵验的祈祷，人们可以从湖泊那平静的表面看见将来发生的事件。其中最应验的湖位于拉萨东南方向约五天路程的地方，那儿是达赖喇嘛的女保护神班丹拉姆经常逗留的圣地。湖边有一个寺庙，这位

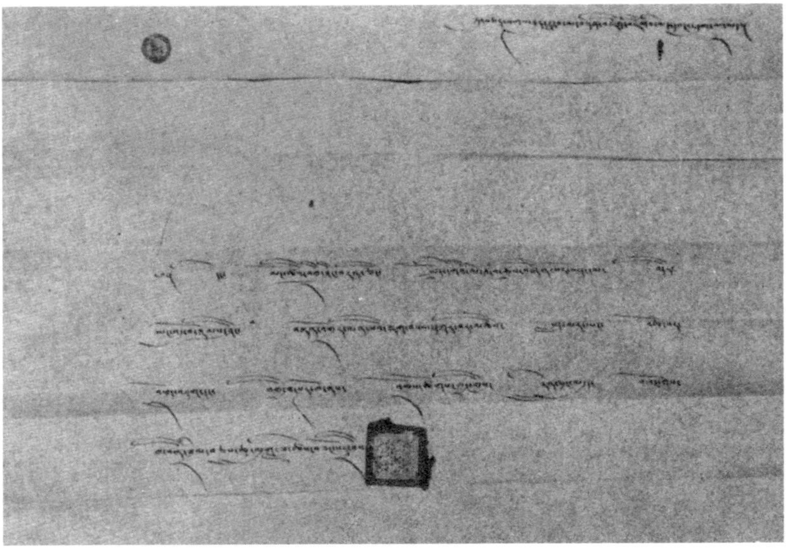

第九世班禅给安钦呼图克图的信。信尾的印章（所用的红色印泥），只有高级活佛喇嘛能用。（承 C.T. 胡提供）

吉祥天母的佛像就供奉在那里。拜访此湖的最佳季节据说是藏历的四月（大约阳历 5 月），最吉利的日子是四月十五日。这天，西藏人要供奉祭品，以抚慰龙神(dragon - spirits)。届时，湖水平静无波，这样就可以反射出未来的秘密。

确定达赖喇嘛的转世灵童之时，甘丹寺的大住持或西藏摄政要前来观湖，解释各种迹象。大师先感谢班丹拉姆的英明指引，然后按照佛祖的姿势坐在岸边，对着湖面默祷，等待显灵。有时显圣，有时不显圣，如不出现，第二天再重复这一仪式。显现的图像可以是一个宗教的象征，一个藏文或梵文的字母，一个人的轮廓，一处风景，也可以是什么其他的东西。占卜大师向伴随他的抄写员口述他看到的每个画面。待他从出神状态恢复到常态后，回到私宅做进一步研究。他在持续祈请神的指引中，再仔细地回味所见的印象，并与早先的种种预言做一番比较，直到他把所有的线索编排成条理清楚的因果关系，才能得出可以在什么地方，以及什么样的环境里找到转世灵童的结论。这个过程一般在达赖辞世后四至五年才进行，这样延迟是为了有足够的时间诞生一个转世活佛，并让他长成幼童。

本着上面这番活动所得出的启示，若干寻访灵童的队伍就被派出去执行任务。每个寻访队都要受一个僧人，往往就是一位转世活佛的领导，还有一位高级俗官，这两个人就是西藏宗教和世俗的代表。下一步，寻访队的领队们会接受更多的指示，被告知前世达赖体形上的某些重要特征和生活习惯，并领受这位圣人遗留的圣物或日常用过的物品，还要带上仿制品，这是用来测试所假定的转世灵童的。如果一个男孩真是一位转世灵童，他就应该能够从两个完全一样的东西中辨出真伪。如此装备完毕，寻访队就出发走向偏远地区，踏上“寻佛”这一独特而冒险的旅程，西藏人称之为“辨认”。

经过长途的漫游，寻访队会找到一个近似所需条件的人家。于是，领队们微服私访，深入到邻居中暗查这人家是否有一个某年出生的男童。他的出生年月必须迟于上世达赖圆寂的时间，还要具有超常的智慧。一旦领队们知道有这样的一个男童，他们便另行乔装打扮，前去拜访。他们随身带着前世达赖的圣物，还有那个貌似一样但只是缺少圣灵的仿制品，以检验这个男孩的分辨能力。这个男孩会表现出对陌生人的极大兴趣，对他们友好，这时也许会露出某种神态或身体上的特点与前一辈达赖喇嘛相似。有的小孩甚至会指称几件前辈达赖喇嘛的物品是他的。如果如此，寻访队就相信他们找到了达赖的转世，报告会飞速呈送拉萨。这时，寻访队才暴露出他们的真实身份和使命，并等待这个男孩以及他的家庭前往拉萨的邀请。

这样的使命，有时需两三年方可完成，常常会发现几个转世灵童，惯例是从被邀请到拉萨的三个候选人中做一次初选。按照佛教的理论，生物都具有三种表达情感的方式，即身(肢体)、语(语言)和意(心灵)。每一种表达方式都有各自的转世。

然而，肢体和语言被认为是受心灵支配的，所以，心灵的转世被认为是真正的转世灵童。为了防止在这一阶段发生争执，并杜绝偏向出身于贵族家庭的候选人的趋势，乾隆皇帝于 1792 年颁布命令，采用金瓶掣签的方法做最终的决定。

依照这一命令，把竞选人的姓名写在纸上，这些纸卷被分别纳入糌粑团里，随后这些面团又被放进皇上特别赐予的一个金瓶里，瓶子封口，放在拉萨的主寺大昭寺释迦牟尼的佛像前。念七天经后，驻藏大臣携同在西藏地方政府任职的全体成员亲临现场，举行揭晓仪式。经过一定的仪式后，两位驻藏大臣之一用一双长象牙筷子夹出一个糌粑团，并将其交与另一名官员，后者打开纸卷，当众公布当选者的姓名。顿时，整个拉萨陷入狂热之中。新达赖喇嘛的名字被挨家逐户地告知，文告和信使将这个消息从一个地区传达到另一个地区，直到传遍了西藏及内地。

可是，有时也会出现这种情况：几名候选人被召集到拉萨，但对其中一位转世灵童的呼声极高，已到他人无可争议的地步。如果是这样，大家公选这一灵童而不用金瓶掣签。现任达赖喇嘛及他的前任就属于这种情况。不过，自从乾隆皇帝颁令以来，有一条规矩获得了全藏的默认：达赖喇嘛不得具有强大的贵族家庭背景，必须来自卑微阶层。

没有明确成文的政体

一旦达赖喇嘛及其超人的权力被认定，那么在西藏组建一个政体并不是件难事。作为观世音的转世，他是西藏的宗教首领。由于他的保护者——中央皇帝的庇护，作为皇帝的捐赠，他不但取得了西藏的大部分土地，还被授予管理西藏地方的政务。这样，他掌握着西藏宗教及政府的双重权力。

西藏是献给“佛法”的土地，而达赖喇嘛则是“佛法”的化身。他所拥有的一切——这片佛法无边的土地，以及在此休养生息的人民——可分为两部分：首先，是寺庙管辖的部分；其次，是政府管辖的部分。达赖喇嘛个人掌握着这两部分的最高权力。他授权协助他管理非宗教事务的政府机构为第巴雄（De－Pa－Zhung 主要政府）。由于达赖喇嘛的双重角色，他领导的政府应该同等地代表其辖地的僧俗两种群体，但事实是僧优先于俗。在这块佛光普照的大地上，世俗社会是为宗教社会而存在的，不能本末倒置。事实上，政府已包含在宗教组织之中。基于这个原因，行政机构的领导者应该是位宗教人士。只有在达赖喇嘛本人掌握政府职权的时候，这一职位才可以由俗人承担。在达赖喇嘛缺位的情况下，例如从他圆寂到找到继承人的这段时间，或是转世灵童还未成年尚不能继位之时，就要从西藏最高层次的活佛中选出一个摄政王，行使政府职能的全部权力。

这个摄政王可以是达赖喇嘛本人在世时任命的，如果不是这种情况，则通过政府召集的民众大会来选拔。摄政王的候选人必须是以前提到过的哲蚌、色拉和甘丹寺中的顶级活佛——措钦活佛（Tsho－Ch’en）。全西藏有近半打具有这种资格的活佛。历史上他们曾有过“藏王”头衔，所以现在又叫做“佛王”（regal incarnatoon）。所有的佛王均由皇帝认

年幼的班禅喇嘛返回后藏——他的教区，重温与达赖喇嘛的友谊，以维系他们前辈曾有过的互相尊重各自的地位、职权的关系。那时“他们彼此和好相处”。

十四世达赖喇嘛

定并颁给证书，他们在转世灵童达到法定年龄继位前便享有成为摄政王的优先权。

一般都是甘丹寺现在或是过去的大住持，也就是达赖喇嘛的导师——甘丹墀巴出任西藏地方的摄政王。即使选出的摄政王不是甘丹墀巴，这位摄政王也必须考虑到甘丹墀巴是宗喀巴的传人这层关系，凡宗教事务要与其商榷，并尊重他的意见。一旦达赖喇嘛成年（一般在十六岁至十八岁之间），摄政王就要交出政府的全部权力。而在宗教方面，只有达赖喇嘛可以与甘丹墀巴分享宗教权力。

政府最主要的责任，是处理西藏世俗百姓的事务。凡是达赖喇嘛属下寺院的一切圣职人员，都不归地方政府管辖。但由于宗教与世俗的利益联系紧密，以至于无法分开管理，于是达赖喇嘛便从哲蚌、色拉和甘丹这三大寺中指定一些僧侣官员，编制了一个与贵族组成的俗官对应的体系。这样一经调整，政府就被赋予管理西藏僧俗两界人民的权力了。不过，凡涉及到宗教团体，政府权力只可扩展到达赖喇嘛和摄政王允许的范围内，原则是：只有僧侣才可行使管理僧侣的权力。

根据西藏寺院和政府的粗略分工，达赖喇嘛把他的领地、臣民以及所拥有的一切分成了三个主要的部分。首先是寺庙的领地，这其中包括赐给个别上层喇嘛和转世活佛的财产；其次是政府的领地，所有的公共财产都在此列，连同它们所产生的效益和赢利，主要分配给各个行政机构，来维持政府的日常运作；第三部分是家族的领地，这里又被分成两部分，一部分是贵族的财产，经过正式封授的这些财产由该家族的男性继承人掌握，原则为一丁一份，不得转让；另一部分包括贵族的私有财产和比例极小的，由隶属于寺庙、政府、贵族的普通人所拥有的私产。就这样，西藏所有的土地如上所述分为了三部分，西藏所有的人民也随着他们赖以生存的土地而分群别类了。

达赖喇嘛是全西藏地方之主，他与臣民的关系，可以描述为领主与农奴的关系。作为一个领主，他给所有的藏民提供保护和管理；作为农奴要向他回报以差役，包括纳税和服役。这个差役是必须的，无论是以钱或物的纳税形式，还是以一般的服役或特殊的应急劳役的形式。差役量则依寺庙、政府或贵族的土地的产出量和相应的代替品来计算。寺庙与政府对达赖喇嘛应负的义务是显而易见的。而贵族对他最重要的差役，是提供一个有继承权的儿子，他应离开封建庄园到达赖喇嘛那里从事公职。像其他一切差役一样，这是不可免除的义务，除非理由充足并交纳适当的费用，才可得到暂时的豁免。

领主与农奴的这种利益交换关系，应同样适用于以寺庙、政府各组织机构和贵族为一方，普通百姓为另一方的相互关系。这就是说，寺庙、政府和贵族给他们各自的属民以保护和管理，就有权要求属民以纳税和服役的方式回报。所以，一名寺庙和贵族的属民担负着双重义务，既须向其直接隶属的主人，又须向达赖喇嘛所授权的政府支付差役。

从根本上讲，至高无上的达赖喇嘛座下的任何藏民，不是属于寺庙便是属于地方政府。属于政府的人，可以直接属于政府，也可以属于贵族而间接地属于政府。寺庙的庄园里就有很多俗人属民。他们一旦步入佛门，政府和贵族就无权再支配。只要一个西藏人受过戒，他或她(作尼姑)就只属于寺庙和达赖喇嘛了。例如：农奴被准许入了寺庙，领主就丧失了对他的所有权，只有得到寺庙的许可，或这个农奴被寺庙开除了，领主才能重新拥有他。由于西藏是一块由神组成，被神统治，为神服务的土地，寺庙的权力是至高无上的。每个西藏人从出生起就被打上了深深的烙印——崇拜“吉祥三宝”，即佛（释迦牟尼）、法和僧。

上层、下层与僧侣会议

拉萨人称达赖喇嘛和他的内廷为上层孜(Tse)，这个称呼在许多语境中就是寺庙，或是宗教的同义词。这绝不仅仅是一个表述的词语，而是实实在在的事实。拉萨的西郊有个由岩石组成的山峰，上面就矗立着布达拉宫，十三层楼高，俯瞰着周围的平原。达赖喇嘛和他的佛宫就在这具有镀金屋顶的建筑的最高层，这里就是宗教在西藏活灵灵的象征，是西藏万物的顶峰。

西藏人不用达赖喇嘛这个称呼，在他们最喜爱的几个冠冕堂皇的头衔中，最常用的是结瓦仁波且（Bye – Wa – Rin – Po – Ch'e 宝主）和堪贡仁波且（Kyam – Gon – Rin – Po – Ch'e 大救世主）。掌管达赖的个人事务和私产的是大总管机巧堪布（Chi – Chub – Khen – Po），还有三位地位稍低的堪布协助其工作，他们分别主管达赖喇嘛的饮食、生活和宗教仪式。这四个人与达赖形影不离，不论他去哪儿都陪伴左右，所以这四个人被称为影子堪布。

有两个导师专门负责达赖喇嘛学习佛经，还有若干名助手就所有宗教的重大问题与他辩经。他们都来自格鲁派的三大寺哲蚌、色拉和甘丹，而且这两位导师必须是第一级转世活佛。虽然他们谈论的是佛法，但他们无形中对塑造达赖喇嘛的性格、观点、处理事务时的言行举止都起到了极大的影响。有一个私人秘书团辅助这个内廷的工作，秘书团成员也是由来自三大寺极有才干的僧人组成，受基巧堪布的领导。

达赖喇嘛和他的内廷并不与任何人直接交往，有一个叫做（孜噶）（Tse－ga）的对外联络处，负责达赖与外界，包括与西藏地方政府的联络事务。一个大喇嘛总管主管这个处，并有一群精选出来的僧侣职员辅助。特别引人注目的是四个令人生畏的彪形大汉，即喇嘛禁卫官。在公开庆典的场合，他们充当达赖喇嘛的开路先锋和侍卫，他们那原本就是百里挑一的魁梧身躯，被塞入填充物的内衣支撑得更加庞大。这些凶悍的喇嘛一手拿佛珠，一手持长鞭，惩罚那些稍有怠慢的藏人。

山顶的下面是“雪”（Shor），意为低下，也是“世俗的西藏”的同义词。地理位置似乎就形象地标明了其社会地位。西藏地方政权从这里发号施令，它不是一个僧人组织，便是一个俗人组织。当达赖喇嘛还未成年时，摄政王任这个行政机构的首脑，除了有一个小内廷外也有一个联络处，叫做雪噶（Shor－ga下层对外联络处）。摄政王据称是应政府邀请来执政的，所以政府特派两个僧侣官员关照摄政王的个人需求。摄政一般被称为司穹仁波且（Si－Chong Rin－Po－Ch’e宝石摄政王），此名与其转世活佛的身份相符。由于他是僧人，他的对外联络处也都由喇嘛任职。然而，一旦达赖喇嘛亲政，该对外联络处又变成纯俗人的组织，有时由一名出身自高层贵族的大臣领导。

从雪这一行使权力的机构衍生出僧官和俗官两个平行的行政体制。为了彻底贯彻政治溶于宗教的原则，西藏行政管理中僧、俗两套编制从上至下层层贯穿。最高一级的行政机构是内廷，名为噶厦（Ka－Sha），常态下由四名噶伦管理。这四名大臣之首必须是僧人，其他三位是俗人，他们共同向达赖喇嘛或摄政王负责管理地方政府。噶厦的下面是秘书处，一个委任僧官的机构，以四名大秘书为首，都是僧侣官员。与此相应的俗人机构是财政厅，以四名财政官为首，都是俗人官员。噶厦和秘书处、财政厅形成了政府的中枢。原则上讲，这四名大秘书应该从属于噶厦，与四个财政官平级。然而，对僧侣的明显器重改变了这一事实，这四名大秘书可以越过内廷的四名噶伦，直接与达赖喇嘛或摄政接触。

在我们分析西藏地方政府中这两大平行体系更多的细节之前，最好适当地论述一下所谓的西藏僧侣会议——聪督（Tshom－Du）。仔细推敲起来，这个自我吹嘘为西藏的“民主立法机构”的聪督，事实上既不民主，也不立法。首先它没有常规的会期，议事日程和召集权都不由该组织成员决定。会议只因紧急事务才由政府下令召开。四名噶伦负责驾驭政府，并不直接参预审议工作，而是另外坐在聪督的一个密室里。他们确定每次会议的成员名单，未经提名者不得参加。僧人方面的人员，是哲蚌、色拉、甘丹这三大寺的僧团选出的代表。俗人方面的名单，是由四大噶伦点名的几个贵族高层成员和政府的重要官员。八人委员会负责主持会议，这八人就是四名大秘书和四名财政官。在讨论中，这八个领导成员频繁地与四噶伦联系，相互交换便条和书面上的意见。主要辩论总是在八人委员会与作为反对派的寺庙代表中进行。任何提议都不通过投票表决，即使反对派被辩驳得哑口无言，他们的动议仍然被考虑采纳。委员会随即把写成的决议，通过一个专门的信使呈交给噶伦内廷，四噶伦会一如既往地集体上呈给达赖喇嘛或摄政。如果这个决议没被接受，就会退回聪督继续讨论。不过，这种情况极少发生，这四大噶伦和八人委员会从未觉得有讨论的必要。因此，这样的会议至多是提供咨询的地方，不过是政府公开记下其最重要的决定的一个场所罢了。

传统的说法称，有时举行更大规模的国民大会，全西藏各个不同行政单位的代表都应邀出席。这种事即使是真的，几十年内可能也只有一次。还有人说，决议一旦通过，就是达赖喇嘛也不得改变。就算事实如此，这议会却体现了西藏政治的典型特征——一种表面的集体负责制。西藏地方政府是建立在僧侣与贵族责任平等的理念之上的，大部分政府机关是在聪督会议之下，重要的政策决议都是在会议上通过。结果，每个人都想退到幕后，无人敢于承担责任。一个朋友曾评论说："在与西藏官员的交往中，你会感到在玩一个无休止的捉迷藏游戏，他们一直在藏，你永远在找。"

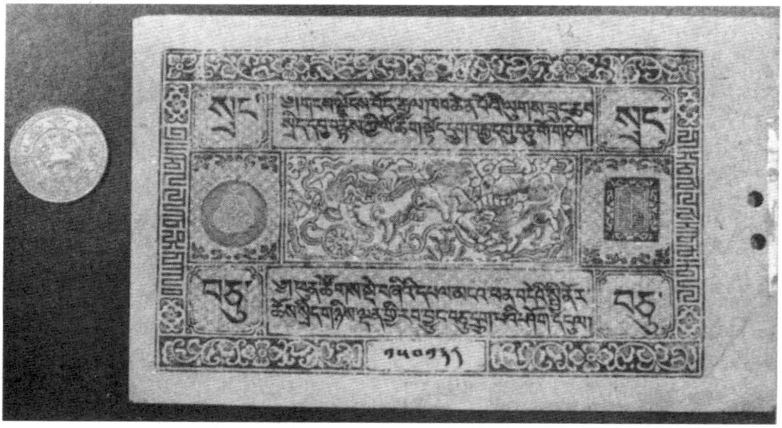

西藏地方的货币。当地货币铸造厂被大火烧毁之前，金币是为数不多的几种硬币的一种。纸币中部为达赖喇嘛和噶厦的印章，右边的孔用来穿绳捆扎纸币。

孜科，宗教内阁

孜科（Tse－Kor 上层或宗教内阁）由被称做孜仲(Tse－Drung)的上层僧官组成。有些作者常常把这些在世俗仕途上追求飞黄腾达的僧官，与忠于佛事的真正的喇嘛混为一谈，因为他们衣着相似，都固守着终生禁欲独身的生活方式。当然，孜仲的候选人首先必须是哲蚌、色拉和甘丹这三大寺的僧团的成员，这是不争的事实。然而，除了这些表面的相似以外，孜仲自身组成了另外一个阶层。

我们尚不清楚，这个特殊的宗教内阁是如何创建的，据说它在五世达赖时期就已粗具规模。如果允许我们猜想，我们不禁上溯到内地的一个类似的制度——具有几百年历史的科举制度。每当改朝换代，前几位皇帝总是陷入一种困惑，不知如何对待那些曾经辅佐他登基，现在已兴奋得忘乎所以的贵族。为了对他们做出一定的回报，但又要约束他们过奢的欲望以不失民心，皇帝往往采取一种聪明的方法，就是让他们通过科举考试来做官。这样，不但从社会各个阶层广招人才到政府施政，而且也创造出非世袭的新贵族。这批新的学者型的贵族直接效忠于皇帝，也就同老的世袭贵族并驾齐驱了。第五世达赖喇嘛就是部分地由于某些贵族的鼎力支持而掌权的。既要启用这些世俗的权贵家庭，又要巩固宗教对这些贵族的统治，他很可能借鉴了中央政府的方法，建立起一个新的、灵活的、直接效忠于他的贵族阶层。从宗教上与他有千丝万缕联系的僧侣中挑选并创建了这一社会阶层，难道还有比这更顺理成章的做法吗？

西藏官员的礼服

一名孜仲享有喇嘛所有的特权，但他不是喇嘛。他加入了三大寺，就成了那儿的成员之一，三级寺庙组织的津贴和捐赠物他均有份。只是他从不留在那里，也不念经，除了守戒独身之外，他不受任何戒律的约束。他受过不同课程的训练，他的职业很明确，是为现实服务。他剃光头发，像喇嘛一样受戒，他又似大喇嘛那样穿着带有金丝的精纺布料的靴子，但裹身的袈裟里面不是一般喇嘛穿的背心，而是有袖子的短上衣。正是这两个袖子，使他看起来极像大喇嘛，不知内情的藏民经常把这两者搞混。

就像任何人都可以成为僧人一样，理论上讲，任何人也都可以成为僧官孜仲。不过这里所说的任何人不包括像铁匠、屠

一名高级官员在做社交拜访

夫、渔夫、猎人和殡仪员这样的贱民。要想具备资格，必须先加入三大寺之一，然后做一位孜仲的学僧。因为孜仲守独身，不允许有后嗣，这个弟子自然就会继承老师的职业及财产。经老师的推荐，弟子可以去一个叫做孜罗札（Tse – Lub – Dra）的精英学校继续深造。这个学校隶属于四名大秘书供职的秘书处译仓（Yi – Tshang）。四大秘书除了其他的责任之外，还要负责委任僧官。只要十一二岁或稍大点，便有资格进入这所学校。一旦入选，便由政府出钱订做制服，有毛制深红色长袍、靴子，还有一顶扁平的深红色帽子，帽子的宽边上缀满了短红穗子。在不固定的学期内，学僧要在书法、语法、修辞、辩术和数学这些学科上打下基础，同时等候被提升到秘书处内任助理。

秘书处是内廷的直属机构，那里任职的只有僧人。所有的寺庙事务，包括喇嘛的戒律和所有派别的大喇嘛的登记造册，都要在此办理。因此，这里保存了有关所有寺院组织，各组织成员、财产以及喇嘛等级制度最完备的记录。秘书处以它为宗教内阁挑选、训练、培养全部宗教内阁的僧官而享有威望。这个宗教机构历来被限定为175名成员。

这四位大秘书每年三次向达赖喇嘛或摄政王推荐精英学校的优秀学员，作为宗教内阁见习官员的候选人。入选人员要换上孜仲的制服，每天早上都在达赖喇嘛前参加宫廷茶会。据说，这每天例行的公事完全是模仿中央朝廷的传统做法，像皇帝每天早上要升朝听取奏章那样。早朝的时间定得这么早，目的是防止君王和大臣们逸游放荡。在西藏，这个清晨觐见达赖的仪式被称为“内廷茶”。达赖喇嘛光临现场，每个孜仲要当场饮尽两碗茶，吃光一碗粥，茶粥均由政府资助。意在提醒大家，这是宗教一天的开始。政府实施的任命、提升、降职、调动和惩罚都在此时宣布。这也是达赖喇嘛接待客人的场合。不管达赖喇嘛住在布达拉宫，还是夏宫，或是在旅途上，每天都要举行此仪式，只是规模视条件而定。即使在达赖圆寂，正在寻找他的转世灵童这段期间也不可中断。此时，达赖的长袍被放在宝座上，摆出他已出席的样子。由此看来，显然僧侣内阁是内廷的核心，被视为半神圣的；其对应的俗人内阁就没有这种神圣的光彩了，仅起有限的作用。

有一点要指出，僧官孜仲的集体主义精神，比内部整日争吵不休的俗官要好得多。除了极少的例外，所有的孜仲均来自社会较低层次，靠自己的奋斗才有今天。所以，他们一般比其俗官同僚表现得更勤奋、更执著。虽然某些贵族视他们为从社会低层爬上来的官员，但他们在西藏大众中却享有更多的威望，尤其在边远地区，贵族在那里并不太受大众尊敬。

但是，也有极少的孜仲来自贵族家庭。他们在僧侣内阁中形成了一个特殊的阶级，其声望更为显赫。有趣的是那些老贵族和封建领主眼看着新贵族——孜仲得到了自己的土地，总是心有不甘，千方百计地想得到些补偿，于是他们煞费苦心，巧做安排。既然孜仲是寺庙的一员，寺庙又对每一个人都开放，当然不能歧视出身贵族的成员，他们一旦加入了寺庙，就表明已放弃了俗人的身份。于是，一些贵族家庭的儿子脱下丝袍穿上僧袍，为成为孜仲铺平了道路。这样做，对多子的贵族家庭特别有利。因为在政府的僧侣内阁已安插了一个儿子，并不禁止这个家庭有权（只要你愿意，说有义务也可以）在政府的俗人内阁另安置一个儿子。如此下来，家庭的势力不减反增。当然，这样的特权惠及的家庭极为有限，也许只有十几个。

雪科，俗人内阁

就像孜（Tse）是宗教内阁的核心一样，雪（Shor）形成了雪科——俗人内阁的中枢。俗人内阁被贵族（古札 Ku - Dra）垄断，像这样的家族，目前留下来的有一百五十个左右。据传说，他们是藏王或地方首领以及此二者的臣下们的后裔，他们的祖先曾统治着旧日的西藏。这个数字当然不包含组成较小的地方行政班子的成员，例如目前仍然存在的班禅喇嘛和萨迦法王的内廷。在僧侣集团取代封建领主的巨变中，他们幸存下来，并因效忠喇嘛政体而得到庇护。

追究一个现代贵族的血管里还流着多少家族的血液，似乎有点多余，比之于血统，西藏人似乎更加看重族姓。因为，新兴家庭可以取代已衰亡的旧家族，只要拥有足够的财产，平民就可以申请继承那些绝后的贵族身份。在这方面，达赖转世活佛的家庭最具代表性，他们都是这样公然崭露头角加入贵族行列，并被认可为最高等级的贵族的。我们知道至少有五个这样从平民成为显贵的例子。

一户西藏贵族之家的正门

按常规，每个贵族家庭都有一份正式的采邑（封地），这个家庭从采邑的名称取得了姓氏而得以存在。这样的家庭必须同时承担一个义务：提供一个合法继承人进入俗人内阁为达赖喇嘛服务。只有屈指可数的几个家族能得到两块以上的封地，如果出现这种情况，这些封地则用不同名称登记，而且有几块封地就要派几个继承人去为达赖服务。如果此人不可用或未成年，这个家庭就要向政府交一笔豁免金，直到空缺有人补上为止。俗人内阁的最大作用，就是要做到与限定为175人的僧侣内阁意见一致。

有一所专门培养俗官古札的学校，此校附属于最重要的俗官机构——孜康（财政厅）。与僧侣内阁的秘书处一样，财政厅是俗官辉煌仕途的起点。这个厅由四名财政官负责，还有清一色的俗人班子。在这里，保存着最完整的所有贵族的公私庄园和政府庄园的名单。

任何贵族家庭的法定继承人，只要年龄在十岁至二十岁之间，受过初等教育，就可以进入财会学校学习。设想他们已经掌握了作为贵族子弟必需的文学基础知识，现在只需主攻数学。他们的校服是深色毛制长袍，一双与长袍协调的靴子，还有一个奇怪的黄色的毛茸茸的帽子，像一个倒扣过来的茶托。红丝腰带上，悬挂着一个猩红色织锦缎的长荷包，一对肾形的绣花口袋，一个内装一双象牙筷子和一把小刀的景泰蓝的盒子，它们都在其身后的腰带上左右摆动。这条腰带奇特地混合了汉族和藏族的服饰特色，不知何故，成了西藏地方政府大小官员的一个标志。

贵族阶层有二十多个家庭享受一种特殊荣誉，这些家庭的儿子被称为色囊巴（Sai - Nam - Pa），如果他们在财会学校学习，可以将一个金属制成的又小又圆的护身符盒子扎在辫子上作为荣誉的象征。每一个护身符盒子都是精美的艺术品，每个西藏人，无论贫富，人手一个。没有它，西藏人是不会做任何重大事情的。尽管这是每个人的随身之物，但只有四品及四品以上的政府官员才允许把它戴在头发上。在所有的重大典礼上，无论色囊巴家族的成员多么年少资浅，都被安排在仅次于四品官员的下座。

西藏数学据说是18世纪开始成型的一门科学。一个木盘加上碎瓷片、嫩树枝、小骨头、干豌豆和桃核，每一件东西代表一定的数值。这么一个奇妙的组合，就是人们使用的计算器。计算之前，所有的筹码都堆在一角，计算者一边念念有词地背口诀，一边移动着筹码。这种貌不惊人的计算器，可以完成加减乘除。甚至有人称可以计算到十八位数字。

四位财政官每年三次定期经过内阁向达赖喇嘛或摄政呈报名单，推荐合格的学生到政府任职。一经批准，这个人就要在头顶盘起两个发髻，这是一个准确无误的记号，表明此人是在政府任职的贵族。

一个人不论是在僧侣学校还是在俗人学校学习，从入校的第一天起，就意味着在政府机构工作。所有的官方场合，他都会被指定坐在与他的等级和资历相称的位置。毕业后，他自然就是见习官，等待正式任命。

孜仲因在秘书处受训，一般被认为有高深的文学修养。古札（贵族）因受财政厅学校的培养，则被认为熟练于数字计算。文学和数学是政府官员的两项基本技能。成为政府官员也就意味着成为奔布（Pon – Po 官员），西藏人用此词称呼统治阶级的成员。当然，平民也可以为政府工作，但那儿没有他们的前途，他们最多成为一名高级职员，但永远不可能逾限进入“奔布”的行列。

四位噶伦、四位大秘书和四位财政官组成了操纵西藏地方政治的十二个重要人物。尽管内廷之下还另有机构，其主管官员都是比大秘书和财政官品级高的人，但只有这十二个人在制定政策和法律，并实施司法和行政管理。西藏人形象地把噶伦比喻为“对外的四大栋梁”，而把大秘书和财政官喻为“对内的八大柱石”，他们支撑着西藏政府的组织结构。

行政管理

用严格的现代标准去衡量西藏地方政府，这是枉费时间。那里的每一级行政实体，无论是内廷、封建领主还是寺院都是一个完备的政府。我们已经陈述过，西藏的立法机构只不过是个执行部门，这种说法也几乎同样适用于司法。据我们所知，全西藏只有一个机关审理死刑案件。既然这里没有法庭，就意味着每一个政府机关、宗教内阁和俗人内阁的所有官员都可以自立法庭。西藏人素以爱打官司闻名，世界上没有几个民族能像他们那样能言善辩。上诉书可以呈交给被告的上司，甚至会直接呈给达赖喇嘛或他的摄政。这样，从噶厦以下，整个政府都会插手司法程序。听说案件的审理会拖延数月甚至数年，争执双方荡尽家产，最后全案不了了之。有一个常用的诉讼程序，即由特别委员会的噶伦们任命官员受理重要案件，只有付重金才可能得到任命。

西藏有两部著名的法典，一部据称由公元7世纪时的藏王松赞干布制订，另一部是公元14世纪帕木竹巴（Pha – Mo – Dru –

Pa）家族的杰出人物绛曲坚赞（Gyan – Chu Gye – Tshen）撰写的。对于第一部法典的原作者尚有争论，这本法典包括为宗教团体制定的十善法，以及为俗人而写的十六篇文章，它们至今被视为是每一个西藏人的基本道德准则。绛曲坚赞拟定的十三条戒律则更是一部力作，涵盖了从小偷小摸的窃行到统治者的言谈举止这样的广阔范围，是西藏最全面、最具权威性的法典。其中还提倡在佛的面前立誓后接受痛苦的神裁。

这样，整个政府没有任何实质意义，不过是个执行机构。在描述此机构之前，先指出几件有关的事实：首先，西藏人视政府官员即“奔布”为绝对重要的人物。不是官员的贵族几乎无社会地位可言，一旦成为官员，马上身价百倍，甚至他的妻子和子女都会对他刮目相看。他的衣着，侍从的数目，马匹的装饰以及他座位的高度和质地，这所有的一切都有规定，逾制则会招致官方的谴责。

其次，尽管西藏人对等级和职位的重视有点过分，但官员的等级制度似乎缺少章法可循。俗官中只有四品被通称为“任细”（Rim – Zhi），而高于或低于四品的品级似乎是不言自明的。僧官则直呼他们的官衔。直到乾隆皇帝在 18 世纪末采取改革措施后，这里才有了一点微不足道的改变。第三，政府官员的薪水、加薪和升职并无一定的标准，除去几名像噶伦这样的高官，政府拨给他们庄园，所得产出充作其部分薪金，其他一般官员的工资低到了令人可笑的地步，几乎是入不敷出，甚至够不上仆役的收入。按道理，每个僧俗官员已经定期地得到捐赠，因此理应提供服务作为回报，而不应得到更多的酬金。僧官靠寺庙得到的募捐和政府的资助为生，俗官则靠其贵族家庭的产业而过日子。但如果这样低的工资永远满足不了一名公职官员的需要，这个政府实际如何施政也就不难想像了。

在内廷之下，除了秘书处和财政厅之外，还有一些或新或旧的政府机构，都被均等地配备了僧俗官员。在老机构中有两个重要的服务部门，他们专门负责达赖喇嘛一行和内廷在拉萨所属机构的伙食及宴会。多数新机构是由中央驻藏大臣于四十年前创建的，分别负责工业、农业、茶、盐、税务等事宜，其中还有一个后来增设的外交局。这些机构由噶伦下面的资深高官直接管理。尽管这些官员的级别高于四品的大秘书和财政官，但他们在西藏政治生活中起的作用却无足轻重。他们多是政界元老，只不过盼个挂名职衔或退休而已。每当噶伦职位出现空缺时，总是四大秘书和财政官获得提升，而成为这些元老的上级。

与前面所述不同，地方上的政府不分大小并无这种种职能的区分。它们都是微型的政权。粗算起来，西藏地方政府分三个等级：头人领导的村庄，县长统管的县和地区长官率领的地区政府。几个村庄组成一个县，或称宗（Dsong）。旧时这里就是堡垒的司令宗本（Dsong－Pon）的指挥部所在。但自从西藏被喇嘛政权统一以后，宗本就越来越像文官，也就是今天的县长。即使现在，县(宗)政府的办公室仍保留在古老而结实的城堡里，矗立在峻峭的山顶上，守卫着西藏的大小峡谷。这些堡垒不禁使我们联想到过去敌人频繁偷袭这块土地的场景。人们正是按照这堡垒的雏形，于一千三百多年前在拉萨建筑了雄伟壮丽的布达拉宫。

尽管宗本在县里是一言九鼎式的人物，但仍是低级僧或俗官。他总是远离岗位，在拉萨过着奢侈的生活，而把领地的一切事务留给他的私人秘书及管家处理。私有制在藏人的观念中已根深蒂固，谁要是被任命为宗本或由此到某政府部门任职，他就会把这任职当作租到的东西，尽量地捞取利益，直到离任。

除了拉萨和它周围的郊区由两个主管部门管辖之外，西藏

藏兵行进式

有八个地域性的政府，都分别由称为基巧（Chi－Ch'ub）的官员管理。他们之中最重要的一位驻在西康的昌都。按照目前的习惯，这位总管掌管着从金沙江西岸到贡布（Kong－Po）地区以东这一片广阔的土地，应是噶伦级。他的权力据说仅次于内廷官员。

另一个重要职位，是驻那曲卡（Nag－Ch'u－Kha）的北方总管，其驻地横跨着联结青海湖和拉萨的古老交通要道。有两个地方官，一僧一俗，都是四品，被安置在这里。相应地，在泽当（Tse－Thang）附近有一位南方总管驻守。泽当在雅砻河的入口处，那里只有一名四品僧官。还有几名四品地方官驻扎在后藏的首都日喀则以及卓木和定日，他们在后两处地点守卫着通往印度和尼泊尔的要道。位于藏西阿里（Nga－Ri）的总管也值得在此一提，因为他几年前刚被提为四品官。

西藏有一支武装部队，招募兵员就同所有的服役一样，是加在人民身上的一种差役。总司令办公室主管征兵工作。不可思议的是，就连军事办公室也遵循平等的原则设置僧俗两套官员班子，在他们上面有一僧一俗两个总司令共同指挥。但部队本身却不让僧人入伍，每支队伍的基本编制为五百人。据说1950年与中国人民解放军冲突之前，西藏常备军中曾有十二到十三支这样的单位，各单位均按藏文字母表的顺序排名，由一名司令指挥。他下面有两个副司令，每人领二百五十人。只有贵族才可成为司令、副司令这一级别的武官，没有另外的资格要求。任命以后也不需要受任何训练。换句话说，任何当文官的贵族都会在某一天成为武官，反过来也是一样。普通士兵只有提升为低级军官的盼头，所以，高级武官与士兵之间几乎无战友情谊可言。

西藏军队既无现代装备又缺乏得力的指挥人才，就连西藏人自己都没给予足够的重视。喇嘛们憎恶他们，把他们当作不伦不类的外来物，贵族担心他们是潜在的威胁，普通百姓则视他们为社会的灾难。但藏兵的英勇善战、坚忍不拔、吃苦耐劳、忠实可靠、体魄强壮和其他作为一名士兵所具备的优秀品质，是不容置疑的。只要配备现代化武器，经过严格的训练和正确的指挥，特别是在西藏这种高海拔的多山地带，藏兵必定会成为一支战无不胜的武装力量。

第五部分

与西藏人一起生活

生活在世外桃源的居民

当你初次踏上西藏的土地时，萦绕在心头的第一个问题便是：“难道这里就是香格里拉，那充满瑰丽梦幻色彩和田园牧歌气息的世外桃源吗？”第一眼看到的西藏一定会让你大失所望，这里与周边地区几乎无任何区别，只是更加荒凉、更加贫瘠，并湮没在死气沉沉的寂静之中。

随着驮队缓慢地进入西藏腹地，沿途那单调而凄凉的自然地貌，慢慢地吞噬着人的活力，使人变得麻木、迟钝。偶尔，脑海中萌发出一些奇怪的念头和莫名其妙的幻想。你可能从未见过如此壮观的山川、峡谷和河流，一望无际的天空澄明而大气。暴风雪突然袭来，这股不可阻挡的力量瞬间就会把一切颠覆得面目全非，尽显大自然的霸气。但过后，一切又都变得毫无生息，只有无边无际的寂静永远支配着一切。

你最先遇到的西藏人一定是赶骡人，他穿着庞大的灰色粗毛长袍，下摆提到膝盖的高度，脚穿深色的厚毛靴子，他们幽默而善于迎合。在那显然经历了数年风雨的帽檐下，他用真诚

1944 年柳陞祺在拉萨河畔

登高远眺

又有点故作恐惧的眼光注视着你，每当目光与你相遇时就伸出舌头表示尊重。一个直径约三英寸的金属耳环在他左耳下边摇来晃去，还有一根细细的磨秃的鞭子斜插在腰带上。骡夫总是耐心地跟在骡队的后面，领头的那匹骡子戴着缀有红穗的花环和静寂中很远就可以听到声音的铃铛。有时，他被一匹偏离的骡子激怒而大声叫骂，把鞭子在空中抽得噼啪作响，或百发百中地用石头击中目标。但大多数情况下，他放松得近乎懒散，一边念念有词地嘀咕着经咒："唵嘛呢叭咪吽"，一边漫不经心地织补着靴子底，或是旋转着手中的纺槌捻毛线。总之，他整天都在不知疲倦地忙碌着，东瞧瞧西看看，不时地捡起路过的马帮散落下的毛团或是什么有用的东西。

骡夫的好朋友是羊倌。山坡上，小溪旁，或一块块赏心悦目的绿地上，都可以看到他们的身影。放牧的时候，羊倌与家人蹲在地上准备茶饭，身后是用黑牦牛毛制成的帐篷。他在两块石头间撒上两三把羊粪或饼状的牦牛粪，擦出火花，再用羊皮制成的圆形鼓风袋不停地煽火。茶壶上缭绕着一小股蓝烟，在荒野中散发出家庭的气息。一切准备就绪后，全家人传递着一个糌粑袋，每人往自己带着的木碗里

吉曲河(欢乐之水)蜿蜒流过拉萨的南部，吉曲河畔是现代西藏的文化中心。

倒一份麦粉(糌粑)，开始静静地享用正餐。

这样的路边会餐，有时会招来疲惫的香客。他也许来自四川、甘肃的边界，为了到西藏圣地去还愿而踏上了长达三年之久的行程。他的所有财产，只装在随身携带的一个极小的包裹里。一手握着带金属头的手杖，另一只手拿着转经筒。通常他会被当作一个久候的朋友而受到欢迎，于是他席地而坐，与主人边就餐边闲谈，交换着各自的见闻。他也许会问，是否有人在几个月前，恰好在西行的路上碰到过两个妇女经过这里，她们是他的亲戚。在东北方向约二十天路程的地方有座寺庙，那

春耕时节

城市的
男女青年

儿的一位喇嘛让他来追寻她们的踪迹。几经回忆，其中的一人想起他确曾见过两个妇人，一个年轻一个年长，但她们是和一位西康的商人在一起。他们朝哪个方向走了？向西。这位香客向他们告别以后，就向西走去。

在西藏，山口都被称为“拉”(La)，而且每座山口都是以叫做“多崩”（Do－Pung）的石头堆儿作标志。每当到达一个山口，人们便脱掉帽子，向山神默祷，然后往石堆上抛一块石头作为祭品。插在石堆上的两个木杆间系着一根绳子，上面挂着五彩的经旗(达却 Dar－Cho)。这些旗子上印满了经咒“唵嘛呢叭咪吽”的微型字体，被山风吹拂着向远方的天际飘扬。这时，行人会像山里人那样大叫一声，庆贺终于征服了这么高的海拔，并倾听群峰间传来的阵阵回声。作为临别的礼物，可以在旗杆上系一块旧布，就这样把自己的奉献留在多风的高山上。一切都做得那么自然、简单，因为西藏是一块贫瘠的土地，行人是一个贫穷的游客。

走近村庄和寺庙，总会看见一个标志性的建筑，有的是一堵嘛呢墙（刻满了经咒唵嘛呢叭咪吽的墙），有的是一座佛塔。这面墙一般有一人高，长度则从四十到二百英尺不等，大多数涂着黄泥，这是代表神圣的色彩。沿着墙的上部都是还愿的石头，多是花岗岩石板，上面刻着男女神像、真言、咒语，涂着鲜艳的颜色。依佛教的说法，佛塔则象征着构成自然世界的四大要素。佛塔的最底层有的有门，有的无门，象征着大地；塔的中层存放着圣物，意蕴着水；再往上，是一个圆柱形的颈状的托柱，象征着火；塔的顶部是一个新月围绕的太阳，寓意着太空和空气。塔的底部和中部被涂成白色，顶部则涂成金色。

嘛呢墙和佛塔的下面有时坐着年迈的长者，有男有女。他们转着经筒，数着念珠，口中不停地念着经。他们把自己剩余的时光，都用于为来世积累功德。顺带的，还能得到一些意外的施舍。

把几个用石头搭起来的小屋称为村庄，确实有点夸张。这些类似帐篷的简陋小屋，实际上就是用石头和砂浆堆砌起来的。屋里除了几件煮食用具、一个水罐、一架耕犁、一把铁锹，另无他物。看来，这是一户农夫之家，他们和家畜同居一室。这里的小康之家，会有一两把木制带坐垫的椅子和一个近似于脚凳的桌子。富裕人家会有一个佛龛，前面供着一排盛着清水的铜碗。这里的主人——男人、妇女和小孩看起来都蓬头垢面。妇女们习惯用儿茶涂面，有人说是为了保护皮肤，有人猜想，这样可以避免勾引僧侣。

这些妇女面色黝黑，瞪着眼睛，牙齿洁白得闪光。她们总在操劳，织布，打酥油茶，在桶里搅拌酥油，经常边唱歌边劳动。她们还把水灌入木制水桶，然后背回家，或者帮助丈夫在田里扶犁。无论她们到哪儿，都随身带着幼小的婴儿。无论天气有多冷，这些婴儿都只裹着单薄的衣服，有的甚至赤身裸体。

这大概是春耕时节，地里有两只强健而粗壮的犏牛（佐Dzo）。它们是牦牛和黄牛杂交的耕牛，它们的两个犄角间用红白两色的毛束装饰着。农夫大声喊叫并吆喝着，牲口磕磕绊绊，吃力地拉着犁，在坚硬空旷的地面上划出一道痕迹。忽然，低沉而震颤的喇叭声划破了寂静的天空，随后，一对管乐奏出柔弱哀吟的曲调，忧郁的旋律充满了夜空，这是来自孤独而神秘的寺庙的声音。这个寺庙坐落在险峻的高山上，对一个徒步旅行的人来说，它就像一个高山上白点般的鸟巢，遥不可及。喇

1947年在寺院大殿门前（从左至右，汉僧、陈锡璋、汉僧大刚法师、柳陞祺）

嘛开始诵晚经了。

夜幕降临，农夫回家了。一支嘈杂的驮队准备安营扎寨，引得藏獒一阵狂吼。赶骡人在周围忙碌着，卸下用皮带捆绑的货包，生火做饭，喂饮牲畜。牧童也赶着羊群回家了，这些羊被一个挨一个地用长绳子拴住蹄子，絮叨的妇女们提着桶忙着挤羊奶。疲劳的游客寻找可以投宿的地方，为此，他要拿出四分之一的四川砖茶作为交换。人们纷纷赶在落日的余晖中了结手中的事情，结账，互换消息，成交买卖。寂静的寒夜降临原野时，每个人都在默念着当天最后的一次祈祷文。然后，男人、女人、孩子、陌生人都蜷曲在他们庞大的衣服里入睡，不分你我地混在一起。这是从宽阔的蒙古草原到多风的西藏高原共同的习俗。他们在救世主——佛祖宁静而充满护卫之意的凝视下安然地进入梦乡。

西藏的礼仪

如果你进入了喇嘛王国的心脏，你将体验一番心理重新适应的困苦，那种感觉就像走进了一个将历史的车轮倒退了几个世纪而凝固了的社会，无奈的是你必须入乡随俗，要像他们之中的一分子那样举手投足。这可不像第一次见到庄稼汉，天下的庄稼汉没有太大的区别，他们默守着乡村人的淳朴可爱，与他们相处，你不过是个旁观者。但是走进西藏文化的中心，任何事情都僵化成以苛刻的传统习惯为尺度的模子，指令你必须做什么，不许做什么，把所有富于人情味的社交行为，变成枯燥乏味的拘谨礼节。

只要看一下头人，就足以见识他的派头。头人是典型的乡村绅士，比村里人更加整洁，讲究修饰。会面时他随身带着三四个仆人，每人都捧着礼物。因为你是执行公务的，所以有权使用乌拉差役(农奴几乎无偿地为领主——贵族、寺院、噶厦提供人力或畜力的服务)。如同西藏任何有来历的人那样，他就是你要打交道的第一个人物。他身穿带有长袖的深色长袍，系着

麻将是西藏人喜欢的一种娱乐

西藏房屋的内景，墙壁和窗户都经过精心装饰。

一条红腰带，耳朵上戴着一个大耳环，长长的辫梢上缀着一个红穗子。看见你的时候，他拖步走到适当的距离，双手捧献一条飘逸的白色丝巾——哈达，这是西藏社交中最先奉献的物品。随后，其他礼物就展现了在你的面前：风干了的整羊、一袋饲料、酥油和一篮鸡蛋——这已不是什么秘密，其中百分之九十已是陈年老蛋了。然后，他手里拿着被卷起来的像茶盘似的帽子，喘着气说出了一堆例行公事的套话，大意不外乎：他从这块贫瘠的土地给阁下带来点微薄的礼物，希望阁下笑纳；已经安置了住房，并打扫干净；水、燃料、饲料和仆人都已备好；如果阁下还有什么要求务必通知他，让逗留在此的阁下感到舒适是他义不容辞的责任。无论你说什么，他都屏住呼吸不时地搔着耳朵，并以“啰”(Lo)应承着。对于他不能备办的事情，讲出一大套理由让人心服口服。他退下后不当你的面时，就摆出头人十足的派头，以应有的身份不断地向左右发号施令。然而第二次再见面时，他就像一只被打怕了的狗，伸出舌头，斜着眼偷偷地看着你。次日，他就会为他所提供的物品、服务和恭敬前来领赏。

献给你的丝巾——哈达，来自四川成都，这是当地社交中绝对不可或缺的礼物。一共有三种哈达，质地最优者用纯丝制成，约十二英尺长，三英尺宽，四边是万字符，有的在中心织有佛像。这样的哈达只能献给达赖喇嘛、班禅喇嘛和顶级活佛喇嘛；次一级的哈达也是丝制的，也以万字符为边，九英尺长，三英尺宽，用于献给社会各上层人士；再次一级的哈达是用丝和亚麻混织而成，而且更短，赐予社会下层。正如同哈达分三种，呈献的方式也有三种：对于长者，应双手捧起哈达高至前额；对于同辈，应捧至肩高，并从对方换回一条哈达；而对于晚辈，就直接戴在对方的脖子上。

头人所用的语言，也不同于乡下人，他们说的是协萨

盛装的酒娘

(Zhe－Sa)，敬语。按藏语微妙的区别，大致可分为三个等级：最敬语、次敬语和非敬语，分别用于长辈、同辈和晚辈（社会中的上级、同级和下级）。就通常使用来说，主要的区别仅在于敬语与非敬语。这决不仅仅是表达方式的不同，而是两套不同的词汇，受语法支配的名词、动词、代词、形容词和副词应有尽有。这样，在有教养的人群中，每件物品都各有一个敬称和非敬称，只有太阳、月亮、天堂、地狱这些与私有财产无关的名词除外。敬语（协萨）的词汇涵盖了从头到脚，从穿戴的鞋帽，到饲养的马、狗，涉及到生活的方方面面，以至搅乱了简单的生活秩序。例如，称呼自己的幼犬和朋友的幼犬时，如果用词不当，就会犯下失礼不敬的过失。

你所遇到的头人，就是西藏这套礼仪的缩影。这套礼仪不仅要求他在地位比他高的人面前表现出应有的谦卑，还要求他在所有比他地位低的人面前尽显尊严。这个规则，就是要每个人根据自己的地位端正自己的举止。如果是低下者，就必须表现为一个下等人的姿态；如果是上等人，若不依其身份摆架子，也免不了会受别人指摘。在与藏人的接触中，假如对这个礼仪略知其要点，就能从对方的神气、称呼、语言里明白，对方把你放在什么社会阶层来对待了。

乞求施舍
——西藏人是慈善乐施的民族

到了拉萨，你随时随地都能清晰地感到这种等级的差别。例如，只要往街上瞥一眼，便可说出每一个官员的级别：六品及六品以下的低级官员穿深色毛料长袍，

罪犯游荡在
拉萨的大街小巷

马匹佩戴着一个小红穗，有一个仆人；四品官穿黄色丝绸长袍，马匹有两个红穗，伴随着两个仆人；四品以上的高级官员穿黄褐色丝绸长袍，袍上配以一个巨龙的图案；噶伦则穿浅黄色丝绸长袍，上有一个精美的盘龙图案，由六个仆人陪同，外加一个低级官员做前导。做到噶伦，也就意味着到达了荣誉的顶峰。当他上马下马的时候，前导要躬身静候，当他出行的时候，前导要为他扬鞭开道。此时，路上的骑马人都要下马行礼，行人须避让路边，脱帽伸舌表示敬意。噶伦被尊为崇高的霞佩（Zhab – Pe）（佛祖的莲花宝座），被称为萨旺堪布（Sa – Wang – Ch’en – Po）（大地的住持）。他一站起来，别人必须起立；他不坐下，没有人敢落座。他的座位有五英尺高，坐垫必须用上乘的织锦缎配以专门的颜色和设计，就连垫芯也是特制的。他饮用的杯子是圆柱形的，在某些特定的公开场合，他的茶是由前导单腿下跪献上的。

这种等级的差别还表现在日常生活的细节上，并被西藏统治阶级视为理所当然，丝毫的冒犯即使不至于伤他们太深，也会触动他们的神经而大为恼火。他们担忧，一旦等级差别被消除了，社会秩序还能否维持。他们永远不会明白，如果美国总统穿得像个商人，如何才能把他与其他公民区别开来。西藏人只知道一种礼仪，这就是他们的等级。藏语的词汇中尚无对“民主”一词的敬称，事实上他们公开地诅咒民主。任何地方出现了混乱，那些充满智慧的当权者必定会说：“民主在干什么呢？”

拜会达赖喇嘛

任何人都不允许在拜会达赖喇嘛之前进行官方的会晤，这是一条规矩，稍有疏忽都是大不敬。

在西藏，无论做任何重要事情，都要先选一个黄道吉日。假如你是第一次会见达赖喇嘛，日期当然要由孜噶(Tse – Ga 上层对外联络处)决定。召见经常安排在达赖及其宗教内阁的清晨宗教仪式上。其他接见外人的重要场合都安排在重大的日子，如达赖喇嘛去夏宫罗布林卡，或回冬宫布达拉，另一个场合是藏历新年。最隆重的召见要数新年，拜见了达赖活佛以后，就可以坐在一旁观看后面的仪式和表演。不要期望与达赖喇嘛有什么个人交往，就连听到他声音的机会都微乎其微。不过我们倒是与现世的达赖喇嘛有过一两次这样的机会。希望在此与大家分享这一荣幸。

我们参加过多次新年庆典，现在就我们所知，描述一下当时的盛况。序曲始于拂晓之前，我们必须在离破晓还有几个时辰的时候就起床，冒着拉萨冬季刺骨的寒冷上路，以便准时参

达赖喇嘛的父母、兄弟、姐妹。

见达赖活佛。地点在布达拉宫最顶层的大厅，九十英尺长，六十英尺宽，中间有个天窗，新年庆典就在这里举行。大厅的最里面是一个五英尺高的宽阔平台，上面就是达赖喇嘛镀金的宝座，也有五英尺高。平台的正上方悬挂着乾隆皇帝亲笔写的匾——大意为绥靖边疆的四个汉字及满、蒙古、藏三种文字的译文。达赖喇嘛的宝座永远面向南方，再往右几步，也是朝南，是经师那高高的专座。

只有这两个座位面朝南方，其余的座位均沿着大厅的另外三面墙排列。最醒目的是与达赖喇嘛宝座成直角，在其右前方的摄政和司伦的高座。后面一排是三大寺院顶级活佛的位置，他们就盘坐在地板的坐垫上，每个坐垫因主人地位的高低而薄厚不等。

再往后，被直通入口的过道一分为二，两边排列着三大寺高级主管的毡垫。第一排是交替担任格鲁派座主的两名候补喇嘛（甘丹墀巴本人缺席，这是一条规矩），低于他们的则是三大寺所有住持的座次，按资历长短为序。级别更低的高僧被排在他们的后面。

在这些高僧的右前方，也就是达赖宝座对面，是俗人内阁

达赖喇嘛十岁时的相片。上有他给予摄影者的亲笔签名和指纹。

高级官员的薄垫子。第一排为四大噶伦和四品以上的高官。后一排是四品及特权荣誉家族的儿子们。最前面一排还备有类似脚凳的小桌子，它们高矮不同、大小各异。所有坐垫的薄厚、质地、颜色和样式都有等级的差别。

高僧的对面——高台的左边，是五级和五级以下的低级官员。然而，第一排是为中央政府代表们保留的专座。高台沿墙的两侧是留给更多的僧侣高官，如大秘书等的位子。由于仪式就在高台正前方的空地上举行，所以常常忽略了这些官员的存在。

所有人都入座后，传令官用低沉的嗓音宣布：达赖喇嘛驾到。管乐奏起，一个僧官出现在进口处赶忙展开一块黄色的细长地毯，从入口一直铺到高台。同时，另一个僧官头顶着一捆黄色的丝绸走进来，覆盖在宝座上。他身后还跟着一些僧官，手捧用织锦遮盖的杯子和盘子。又进来两三个提着炭炉的侍从，他们往炉中放进檀木，顿时，整个大厅弥漫开了檀香味。随后，是两个手持香炉的侍从、两个吹管乐的乐手、司伦、四大噶伦、四个魁梧的保镖、四大住持、摄政，还有夹在一群地位较低的僧侣中的达赖喇嘛。这时，所有的人都要起立鞠躬致意，直到达赖入座。

乐止，从摄政以下的西藏官员零散无序地站在高台前，双手合拢举到头上，双膝下跪磕三个头，看起来并不要求动作一致。然后大家自然而然地排成一个长队，由四大噶伦和高官排在队首，依次走向宝座，每个人都先献给达赖一条哈达，再献给左边的摄政一条。作为回报，达赖和摄政分别摸一下每人的头，表示喇嘛的祝福(俗称摩顶)。几名高大的卫士监督着这一仪式的进行，常常提醒大家紧随行列向前移动。如果是一个重要人物，就会被安排在四品官和顶级贵族男性后裔的后面。给达赖献哈达之前，要向他呈献四宝，这是一种极其谦卑的表示。第一宝是盘中一块精美的蛋糕，束着飘逸的五色丝带，要扛在肩上献出，以表示全心全意的奉献。第二宝是一个小佛像，象征佛的躯体。第三宝是一卷经书，代表佛的文字。第四宝是一个小佛塔，寓意佛的灵魂。同样的程序要在摄政面前重复一遍，只是礼品都是小号的。

低级官员和达赖内阁的随员排在队尾。达赖和摄政各自拿起像驱蚊掸子一样带有彩穗的短杖，这时他们不再用手，而是用掸子掸一下他们的头来表示祝福。

仪式进行中，一声尖叫吸引了所有人的注意力。从三大寺众多成员中选出的两个住持，脱掉袈裟，几乎袒露着上身，走到大厅的一头，摆出一决胜负的架势开始辩经。他们摆出千般姿势，做出万种手势，争论得手舞足蹈，他们的辩题和语言深奥得只有为数不多的几个喇嘛可以听懂。我们被告知，一次的论题是如何界定现在、过去和未来；另一次的辩题，是有关逝后的自我与梦中自我的共性。

大家落座以后，大总管轮流向每个人转达达赖喇嘛的赐福，所有的人都要站起来谢恩。随后，大总管引导着两个僧官来到殿上，他们是达赖的厨师长和他的助手。助手的肩上扛着用织锦包起来的茶壶。他们来到高台的前方，一名侍者下来接过茶壶，厨师长拿出自己的木制杯子，让侍者向木杯中倒几许茶，然后厨师长单腿跪在宝座前，一口气饮干茶水，以证明此茶无毒。他一直等到茶壶交还到他的手里，才带着助手离开大厅。

达赖的第一道茶后，大总管示意停止辩论，鼓点与横笛奏出了活泼的乐曲。在这富有异域情调的旋律中，十三个穿丝绸服装的男孩排着队拥入大厅。他们每人手持一把木斧，跳起了一种动作颠簸而笨拙的舞蹈，不禁使人联想到印度绘画和雕刻中的人像。这种舞蹈被称为噶尔(gar)，据说是第五世达赖喇嘛从拉达克引入西藏的。跳完舞后，这些艺人向宝座鞠躬致意退出。

这时，辩经再次开始，向达赖敬第二道茶的方式与上一道相同。一共上茶三道，每道与辩经同始共终。每次茶后的小憩，便是欣赏噶尔舞的时光。最后，整个仪式在舞蹈热烈的气氛中结束，随着高大的侍卫用低沉的嗓音喊话，大家匆忙起立鞠躬，直到达赖一行在管乐的伴奏下消失。

在此，我必须提到一个使整个仪式达到高潮的插曲：在第一与第二道茶之间，仆人会捧来很多富有藏族特色的精美小吃放在高台前。食品有干杏仁和各种干果、羊肉脯和金字塔形的一堆堆油煎糕点，这是达赖喇嘛送给每个与会人的新年礼物。当礼品分发到还剩三分之一时，二十名奴仆就像得到了一个无声的命令，从天而降，争先恐后地冲向礼品，每人拼命地往衣服里塞东西。更有甚者，干脆提着一条大黄麻袋来抢。此时奴仆可以尽情地宣泄吵闹，这几分钟的无法无天是被恩准的。随后，威武的卫士来收拾残局，尽管他们的鞭子在这些人的肩上、背上抽得噼啪作响，但这些可怜的人仍不遗余力地抢夺着、搜刮着地上残留的碎片，直到片甲不留。这些刚从达赖喇嘛的厨房新鲜出炉的精美小吃，相传是治病的灵丹妙药，每年赠送六次。这些可怜的奴仆都有分享的机会，所付的代价就是挨几下鞭打，但他们所得的战利品可以出售，并有可观的收入。

宗教领袖对信徒偶尔给予的祝福，以及西藏百姓对宗教领袖那种疯狂的痴迷，让外人感到强烈的反差。曾记得，有一次达赖喇嘛意外地来到拉萨城里，在大昭寺举办了一次法事活动。他所到之处，被崇敬他的百姓挤得水泄不通，只为了能看他一眼，其场面令人震惊。这是一种源于忠诚，发自内心的冲动。这种忠诚，在任何别的地方都会得到善意的认可，而在这

罗布林卡中
达赖喇嘛的夏宫

儿，却得到了意想不到的回报。为了让达赖喇嘛突破重围，那些卫士猛然冲入人群，狠狠地左右扬鞭，打在最不应该挨打的人们身上。西藏朋友让我们放心：老百姓根本不在乎这种对待。我看不是不在乎，而是尚未在乎，一旦他们醒悟过来，有什么能压制他们的愤怒呢？！

殷勤好客的西藏人

可能是由于一直固守着游牧民族的生活习俗，西藏人向来以殷勤好客著称。无论是上层还是下层，聚会都是一种流行的休闲方式。而贵族家庭举行一次聚会有时会持续十到十五天，数百名客人受到轮流的邀请，很多客人还会留宿。就是到了最后，主人还要再款待他最亲密的朋友几天几夜。

如果你与主人的关系并不密切，就不会从他家的聚会中找到乐趣。邀请一般都是口头的。东道主的管家前来献上一条哈达，用华丽的词句发出邀请，但只字不提具体的时间。反正模棱两可的话并无坏处。直到聚会当天，好客的主人才会派人“三顾茅庐”催你到场。第一次在清晨，第二次稍晚一点，第三次将近中午。这时，懂得当地规矩的人才穿着打扮，准备动身。我们一个倒霉的朋友就经历过一次叫人哭笑不得的尴尬场面，他接到第一次邀请便匆忙赶到东道主家，把主人从睡梦中叫醒，大家还以为发生了什么十万火急的事情。

在西藏，有地位人家的房屋都是用坚固的石头盖成的。平民的住宅是一层或二层，而拉萨的贵族家一般是三层楼，由又高又厚的墙围着，像座城堡。有些围墙有四五英尺厚，上窄下宽。房屋被粉刷成白色，配上深色的窗框，给人以现代化的外表。

参加聚会

但内部的设施却极不相称，非常简陋。西藏的住房黑暗，建筑粗糙，不易通风，设计也有欠科学，近五分之三的面积没有得到充分利用。

如果骑马去拜访司门厦(Zim－Sha)，这是指一个名门望族的贵族家庭，最先看到的是一道木门，门框被油漆得五彩缤纷，大门的两边是用石头砌成的低矮的平台——这是为骑马人设计的。西藏的头面人物是不会徒步外出的，就更不会走路赴宴了。这两个平台用于上马下马，表示客人的社会地位低于主人。

进入大门，便置身于一个用方形石头铺地的院子里，正面是主人的正房，其他三面环绕着两层的长廊，下面一层是马

妇女们在跳舞

一群拉萨的交际花

厩，上面一层是有檐的长廊，直通厨房和仆人房。

正房的大门与院门相似，两侧有两个专为贵宾设计的下马墩。角落里是几个被拴起来的凶恶的藏獒，对陌生人跃跃欲试地怒吼咆哮着。这些浑身长满了蓬松毛发的庞然大物，一直被拴着，它们瞪着血红的双眼，极力想挣脱束缚，愤怒使它们的野性越发疯狂。

除了权高位重的贵宾，主人一般不在门口迎客，而是仆人或亲属在此恭候。客人被引入一个黑暗的门廊，首先映入眼帘的是一个蒙古英雄擒虎的壁画。有些人说，这是蒙古亲王固始汗(Ku－Shi Khan)，正是他将第五世达赖喇嘛扶上宝座的。另一些人则认为这幅画具有深远的宗教意义。无论如何，大家都相信这是驱邪的法宝，拉萨几乎每一个贵族家庭，都在门廊里画着这么一幅守门神的壁画。

沿着昏暗而陡滑的楼梯上到二层，这里比一层清洁而明亮，因为这层是沿着中心的天井而建起来的。每一个小康之家至少有一个经堂，贵族则有两个。大经堂一般都在这层正面而居中的位置，里面黑暗而充满了酥油味，佛像和书架上满是灰尘，就如同进了喇嘛寺院。只有新年、婚礼、主人升官这种场合才用大经堂。这一层的其他部分并无大用，不过是仆人、穷亲戚的住处，或做储藏室。

主人一家住在三层，所有的舒适与奢华都集中在此。因客人身份而异，有的主人会在第三层楼梯口欢迎你。这层的房间均在北面，南面是开放式的，形成一个屋顶花园。这样每一个房间都向阳面南，阳光对高原人来说是必不可缺的，多数房间有玻璃门窗，朝着用西藏水泥制成的屋顶花园打开。

这层最好的房间，也就是整座房子最好的房间是小经堂。这儿如果不是主人的卧室，就是他的书房兼客厅，他的大部分时间都在此度过。这间房子用彩色丝绸和织锦装饰，并铺有地毯。桌子上摆着闪亮的铜杯子、酥油灯、面粉制成的供品、精美的青铜器、罕见的瓷器，还有一些古玩。在这些东西的后面，镀金的佛像在镀金佛坛上若隐若现。桌上还摆着一些花哨而庸俗的东西，如玻璃球、婴儿玩具扇或是一个空的时髦香水瓶。墙上挂着裱在华丽的织锦上的画卷——唐卡，专门描绘佛祖众神的故事。画卷下面，是镀金或涂着奇异色彩的柜橱。绣花的丝绸挂幔塞满了多余的空间。几面墙上画满了图画和吉祥

柳陞祺
在拉萨

的符号，就连房梁和支柱也不例外都被涂得色彩斑斓。西藏房屋有个缺点，屋里到处是支柱，这是由于缺少可做栋梁的长木，以致产生了一个特殊的习惯：以柱子多少来测量房屋的面积。在喜庆的场合，柱子上也都披上鲜红的丝绒。木质地板尚不多见。不管地面是用木头还是水泥铺成，都要用黄油精心地上光。西藏房屋的另一个缺陷是天花板，一般用细木枝和房梁组成格子结构，但稍微一动，就落下灰尘和石头，所以天花板下老是悬着一大块丝绸，来遮挡随时有可能掉下来的东西。木质天花板、靠背椅和沙发已经开始流行。西藏人的传统坐姿，是像佛祖一样盘腿而坐。每到聚会，大家就围着一个矮方桌坐在垫子上。桌子涂着上等的漆，坐垫上加铺精纺的毯子。坐垫的高低随客人的社会地位而变化，但是桌子的高度是不变的，所以座位常常与桌子齐平甚至更高。可想而知，在官位上爬得越高垫子也越高，盘腿而坐的时候就越不舒服，因为老要弯腰去迁就那张桌子。

西藏礼仪有着极其严格的规矩，主人要到大门外去恭候最尊贵的客人，在第二道门迎候地位次之的客人，在楼梯迎接再次之的客人，比主人地位稍低的客人，主人则在客厅门口等候，更低的客人就应求见，主人则在客厅中安然不动了。辞行的方式也如此要求。大宴会上，只有最尊贵的客人可以与主人同住，其他的客人都被分配到指定的房间。所有正统的西藏聚会，女士和先生都要分开居住。

宴会一般是以藏茶为序幕，用的是精美的瓷茶具或玉杯，配以金银杯盖和托碟。旁边的仆人手持一个闪亮的茶壶，主客每进一口茶就立刻续满。尽管藏茶喝起来更像汤，但肯定比藏人常用的内地茶更可口，这是我们的经验之谈。大家边喝茶边恭维奉承，谈论天气，慢慢地进入社交的主题。西藏人向来是以含蓄而著称，更为突出的是他们在任何情况下都表现得泰然自若。他们喜欢自谦愚昧无知，而很多情况下，这并非客套而是事实。他们习惯于用提问的方式开始攻势，在钦佩对方深奥精确判断的同时，含而不露地阐述自己的观点。一旦扯到超自然的话题，他们会无休止地列举西藏盛产的奇人怪事，让你大开眼界又不可思议。

一个时髦的拉萨聚会，总是备有午餐，分量不多，晚餐则相当奢华，中间穿插着一道茶。除了下午这道茶有点欧式以外，所有的食品都用汉式烹调，并按汉族的习惯进餐，十二至十五道菜是家常便饭。饮酒是一门伟大的艺术，主人会借助任何手段，不分高雅还是粗俗，劝客人多饮美酒。猜拳行令是流行的伴酒游戏，个个尽兴地喧闹，无拘无束。为了调剂气氛，主人常常请来“陪酒女郎”。那些职业酒娘身着西藏妇女的节日盛装，被珠光宝气衬托得华丽妖娆。她们拿着大杯的藏酒，这是由大麦酿造而成的青稞酒，味道像啤酒。她们微笑着，假笑着，她们的甜言蜜语，她们那赏心悦目的美丽，在酒席上散发着无穷的魅力和欢乐，总是让人难以拒绝地饮下一杯又一杯。

为了使客人在漫长的下午有所调剂，主人会提供丰富的室内游戏：掷骰赌博、多米诺骨牌、西藏扑克和麻将牌。室外还坐着喝了酒而兴高采烈的歌手们。一旦他们合唱起来，所有的谈话都停止了。一个经常上演的节目是西藏舞，背景是五六个人组成的小乐队，用汉式乐器演奏，两三个妇女在前面翩翩起舞。这些女艺人在木地板上排列成行，随着韵律跺脚，用直白的嗓子唱出震耳的高音。老调子让人觉得优美婉转，而新曲子更热情活泼。舞蹈的魅力主要是脚上的功夫，上半身的变化不大。不时有男人加入进来，于是舞蹈的节奏更加明快热烈。

晚饭充满了斗酒的兴奋。但西藏聚会最激动人心的时刻是散席，这也是最让人尴尬的时刻，因为这时你已被酒灌得天晕地转，由于在餐桌旁长时间盘腿而坐，双腿已麻木得寸步难行。这时，每双眼睛都盯着最尊贵的客人，只有他一起身，大家才可抢着出门。大多数聚会都持续到深夜，房间里只靠几盏煤气灯照明，但这几盏灯就像行星一样只围绕着贵宾的身边转，他一离开，光明也随他而去。这时你才体会到看起来完美无缺的西藏住宅的致命伤——房门又低又矮，门槛却很高，免不了要磕磕绊绊碰头撞脑；楼梯陡直又狭窄，根本无法下足，

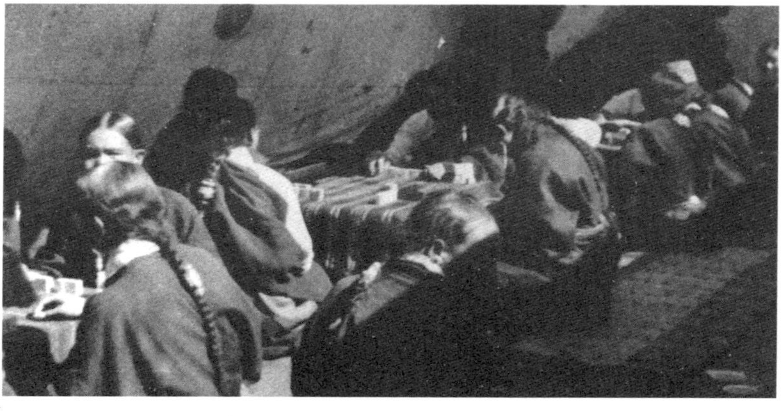

野餐聚会的热闹场面

稍不留意就会滑倒。好不容易摸到院子里，马匹由于突然见到刺眼的灯光被惊得又叫又跳，狗也不甘示弱地狂吠着，主人们唤自己的仆人，仆人们找自己的主人，一群群仆人被呼来唤去，场面好不热闹。大家在黑暗中匆匆地道别，一旁的马儿早就等得不耐烦了，昂首跺蹄，旋转着要离开，就像一群走散了的人拥堵在路上。最后，蹄声响起，客人都出了大门，马蹄声、马嘶声、促马飞奔的吆喝声汇成一片，喧闹得像个战场。

我们不理解，为什么要如此匆忙地逃离聚会，这种情绪似乎是互相感染的，至于落在后面的人会发生什么，我们永远不知道。

西藏人的生活

西藏主要有三种人群：牧民、农民和城镇居民。

牧民的生活与7世纪藏王松赞干布在位时没有太大的区别。他们穿着生羊皮制成的庞大无比的藏袍，一直在西藏的北部高原过着游牧的生活，许多人到死也没见过城镇的模样。他们有着古铜色的皮肤，强壮的体魄，有一种高贵的神态，使不少旅客想到美国的印第安人。妇女把长发梳成许多小辫子，再束成一个大辫子垂在颈后，用红、黄色的彩石串艺术地装饰着。有些妇女的头发上披盖着一大块布，布上缝满了银钱铜钱

小学生在一块长方形木板上学写字。一笔好书法被认为是有学问的标志。

西藏的农民

和贝壳，每走一步，浑身都叮当作响。一年中最冷的季节，他们都南下到雅鲁藏布江流域，以换取茶和大麦这样的生活必需品。他们迈着大步来到为数不多的城镇，充满了好奇并赞叹不已。他们带着孩子，赤身裸体的婴儿从羊皮藏袍的衣缝中探出头来，就像袋鼠一样。他们想不通，为什么这么多人宁愿住在如此拥挤的地方，而不去别处活动活动。伴着第一缕春光，他们匆忙举家北上，唯恐赶上他们所不习惯的炎热天气。

与南方的同胞比起来，牧民的饮食比较充足，他们的牲畜提供了足够的食物。家养羊和牦牛以及草原上众多的瞪羚和羚羊保证了他们所需的蛋白质和脂肪，这些脂肪也就是酥油，溶于茶水来饮用。碳水化合物来自大麦。他们还有丰富的各色肉食，牛奶或羊奶，以及他们嗜好的酸奶。拥有一千头羊、二百头牦牛，就能过上自给自足的富裕生活，而在当地这可能只属于中产阶级，他们是西藏最幸运的人群。

居住相对固定，但不能这样无忧无虑生活的是农民。他们被束缚在他们开垦了的土地上，还要受土地的主人——贵族和地主奴役。他们比牧民长得矮小，其精神生活的空间更加狭隘。尽管人们普遍认为，西藏是非农业地区，但去过那里的人估计，当地至少六分之五的人以务农为生。那儿的土壤是冲积土，多靠风吹来的沙土在砾石和鹅卵石上积成一个土质层，颜色呈浅褐色或灰色，依所含腐殖质而定，其腐殖质含量相当稀少。为了使土地肥沃，人们用人粪、牛粪灰施肥，有时也用河流泛滥后的淤泥。农民知道一些轮种休耕的粗浅知识，但却不系统地实施。那儿几乎没有水利灌溉设施，基本是靠天吃饭，可雨水老是在需要它的时候躲得无影无踪。在这块贫瘠的土地上，藏农用最原始的农具生产出糌粑即大麦（西藏的主食）、萝卜和极稀少的土豆。其实不少地方是宜于种土豆的。有些豆类是冬季马匹的饲料。低地生产小麦、荞麦和粟米。饲养耕牛和奶牛是他们的副业。除了从六月中开始的短暂雨季，牛几乎只以麦秆为食。由于长期营养不足，牛品种已退化到可悲的地步。由于牛奶、酥油、奶酪（晾干后视作美味）的数量有限，所以在农业区比较珍贵。

农民一般穿自家毛纺的深褐色或灰色的长袍和裤子，不劳动时，穿一双同样料子做成的鞋。他们喜欢只穿一只衣袖，另一只袖子随意地垂在背后，这是所有西藏人喜爱的着装方式。

农妇穿着深色的无袖长袍，宽大的袍子在背后对折起来，束一条腰带。长袍里面是一条衬裙，她们不穿裤子。以彩色横条为图案的围裙代表已到青春期。另一个成年的标志是头饰——巴珠，一个红色叉子形状的妆饰，紧扣在头顶，头发从中分缝儿，梳成两条长辫。这个头饰是用红羊毛线缠绕在麦秆上制成的，上面点缀着类似红珊瑚的仿制品。在后藏另有一种流行的头饰，是两耳之间经过头顶形成一个半弧形的头饰。因为每天拿下头饰非常麻烦，所以妇女都戴着它睡觉。

从取水到沏茶是妇女主持家务的必需。在所有的茶中，西藏人都偏爱四川茶。这种茶要先在少量水中冲泡加上苏打，然后与更多的开水、盐、酥油一起放入一个长木桶，再用一根长棍上下用力地搅拌五分钟左右。这根长棍的底部有一个软垫，其作用如同打气筒中的活塞杆。对于穷人来说，茶既是饮料，也是吃饭时就糌粑的汤料。多数穷人认为，酥油用于沏茶太奢侈，他们饮茶时放一小块酥油在杯里，边饮茶边小心地把浮在表面的油块吹在一边保留起来，以备最后拌糌粑之用。

商人、政府职员和手工艺人，这些城里人的衣着要讲究得多，最考究的当属贵族家庭的女性成员。城市男人在藏袍里面都穿棉制或丝制衬衫。无论贫富，每个男人都在右耳垂上戴一小块绿松石，表示斯文高雅。商人和平民的左耳一般戴一个镶有绿松石的金属耳环，而贵族和知识分子的左耳则挂着一串垂饰，两头是两个小橄榄形的绿松石，中间嵌着一颗珍珠。只有在政府任职的贵族才允许在头顶盘两个发髻，而其他人，从贵族到百姓都只能梳一条辫子。

一到节日，城市妇女就穿上敞领丝绸衬衫，大多是粉红色或绿色。贵族妇女只喜欢丝绸和锦缎制作的衣服，她们的围裙以彩虹为图案，并以金丝缎镶边，非常好看。头饰上的珍珠和红珊瑚，想必价格不菲。她们的胸前佩带着镀金镀银的护身符盒子，大小犹如香烟盒，精雕细刻，外面用红宝石、绿松石甚至钻石装点。每逢节日，西藏妇女会尽可能多地在身上披挂珠宝和装饰，这要耗费时装专家的好几页纸才能详尽描述。

西藏上层一天的日程安排大约可以概括如下：早上六至八点间起床，先拜家神。洗手后，老爷或夫人用一根孔雀翎或是一种叫做擦库沙（Tsa－Ku－Sha）的印度植物，一边到处洒净水，一边重复三遍“唵嘛吽”来净化环境，然后坐下来念经。由于一口气要连续念数小时，所以事先要饮足茶水。

所有的西藏人都习惯一日两餐，一次是上午十点，一次是下午五、六点。尽管款待客人的时候他们慷慨得近于浪费，但他们的日常饮食还是相当简单的。无论贫富，主食均为糌粑，

妇女们

揉成团，用茶、酒或水送下。中产阶级用牛肉干、羊肉干和辣椒来调剂饮食，贵族则有一两道内地菜。西藏人不太重视蔬菜，有些人认为，蔬菜仅有益于动物，肉类更适合他们的胃口。但矛盾的是，他们的宗教信仰禁止杀生。不过，西藏的土壤贫瘠，气候寒冷，一个严格的素食主义食谱是不切实际的，所以西藏人自有理论：任何佛教规则都会因为适应特殊条件而有例外。他们只有节制地杀少量的牛羊这样的大家畜，虽然牺牲了几条性命，却拯救了许多人的生命，不为罪过。杀死许多小鱼做一顿美餐才是真正的罪孽。

晚餐也是如此。只有少数的美食家才会有一种全新的变化：吃配上肉和蔬菜的米饭或面条汤。一到晚上要多多念经念咒，天黑不久便就寝，因为点灯对大多数人来说过于奢侈，只有付得起灯油钱的人才可以晚睡。每个人都要在睡前祈求佛的保护，这样才可以高枕入眠。

西藏人的精神世界充满了毁灭的威胁和险恶的因素，所以屋里屋外处处都供奉着神灵：控制五方（东西南北中即宇宙）的帝王，支配空气、水、地球的君王，以及带来横死暴卒的罪恶精灵。另外还有数目众多的活精灵或女巫（有些骑在扫帚上），他们都在有意无意地伤害人类。另一方面是与此相对应的精神慰藉：佛（佛祖）、法（教义）和僧（僧众）这吉祥三宝带来的宽厚慈爱。

西藏是盛产奇迹的圣土，宁玛派[①]创建了一种有效禳解抚慰恶魔的宗教活动。萨迦派的座主一直控制着西藏的所有巫觋（女巫男巫），只要他一开始念经，当地的巫觋们便不由自主地边跳舞边哀嚎着来到他的面前。据说，他甚至向这些巫觋征税。

① 别称为红教，此派专门研究治病、驱魔等方面的宗教仪式。

在后藏的夏鲁寺（Zha－Lu），许多喇嘛将自己终身禁锢在暗洞里，食物均从一个小窗递进去。每隔十二年，他们中间会有一个人运用控制风的特异功能飘出天窗。他穿着猩红色的外套，白色的围裙并佩有一条腰带，迈着敏捷的步伐游遍卫藏地区所有的重要城镇，用七天的时间走完五百多英里的路程。为了得到他的祝福，所有人都抢着布施钱和献上哈达。另外流传有一个著名的尼姑，住在距离拉萨两天路程的地方，她一直向人们预告三代人的命运。还有一件怪事，色拉寺里有个可怕的磨，在开磨的时候就滴下人血，都说那是受诅咒的人的血。

举着转经轮的香客

如果没有吉祥三宝的护佑，西藏人几乎一分钟都无法生存。他们随身带着护身符和可以携带的神龛来驱邪免灾；竖起家族的祭坛以守护房屋；建立祈祷墙、佛塔、庙宇、寺院来保护他们的城镇和村庄。他们永远在祈求众神息怒，赎罪忏修，积累功德并朝拜圣地。他们无休止地诵经，不停地捐献，坚持不懈地占卜、解读神谕，以求平安。

他们从一切现象中看出具有深远意义的轮（khor），整个世界都以须弥山为中心旋转。太阳、月亮围着地球旋转；所有的生物围着轮回的轮子旋转；生命环绕着神圣的载体永远地旋转，这个载体可以是一个座神山、一片仙湖、一座佛塔、一面灵墙，或是一位圣人。总之，要让每件事都转动起来：佛珠在指间滚动，转经筒显示着神圣咒语在转动，还有用手指拨动的台上的轮子，可以随身携带的手摇经轮，风力吹动的小轮，人力推动的大轮和水力驱动的巨轮。轮中有轮，都在不断地转动。我们不妨想象一下，所有的西藏人绕着他们的寺庙、城市、村庄边走边念经、数佛珠、摇转经筒，于是几百万个经筒一同壮观地转动，这就是西藏。

一妻多夫及婚姻的复杂性

一妻多夫，也就是几兄弟共有一个妻子，是西藏婚姻中的普遍现象。我们知道一家，一个妻子主持着七个丈夫的家政。在众多的要求者中，每个丈夫的权利和义务如何分配，依各个家庭而不同，想必有一种建立在轮换制基础上的默契。在普通人家中尤其是这样，因为总有人要外出朝拜或经商。在比较上流的社会，优先权自然属于最成功的丈夫，凡事都要论级别地位，似乎是西藏贵族血统中的遗传基因。当女人生下了一个孩子，最有权势的配偶则得到父亲的称呼，其余的人就是叔伯了。

血缘关系在西藏家庭中无足轻重，特别是对男性一方而言。因而当地盛行一种叫做玛巴（Mar Pa，招女婿）的风俗。入赘当玛巴并不耻辱，这个称呼只表明一个男人嫁入一个家庭，并成为合法继承人。如果这种做法只限于缺少男性后嗣的家庭，这一风俗还在情理之中。然而事实并非都如此，在某些实例里为了招女婿，亲生儿子不受重用或是被迫出家当喇嘛都时

一位西藏妇女(中)与她的两位继女

有发生。我们经常听到解释，由于占星术测定他们是短命之人，所以才把自己献给了宗教事业。我们后来看出，在这种情况下，玛巴往往是生活中的强者。

在这种风俗中，有一个出自显赫之家的极端例子，主人死后没有留下后嗣，他的遗孀决定接纳一个玛巴。这样，这个幸运的男人不仅得到了一个妻子，还拥有了财产和一个贵族姓氏。一个成为妻子家族继承人的玛巴，要与自己的家族断绝一切关系，改用女家的姓，并随女方称呼她家的每位亲属。

在错综复杂的关系中确认每个亲戚的身份实属不易，但在贵族家庭这种事情却简单了许多。如我们指出过的，西藏贵族在日常家庭生活中只用他们的头衔，即使在本家族的范围内，对高官和他们的太太也毫不含糊地称其官衔，像父亲、母亲、兄弟、姐妹，这些表示亲属关系的词汇用得很少。如遇困难，总可以找到代用词。例如，一个女人带着儿子嫁给了两个丈夫，这两个男人不是兄弟而是生意伙伴。为了区别，这个儿子称年长的继父为“老爸”，称年轻的为“小爸”。还有一个例子，一个大贵族爱上了另一个小贵族的妻子，这位女士同意相爱却不愿离婚。于是这三人找到了一个大家都欣然接受的做法：大贵族与小贵族共娶此女。现在，这位太太用各自的官衔称呼这两位丈夫，并幸福地照料着这两个丈夫的财产。

也有极特殊的例子，是类似俄狄浦斯恋母情结的一件事例。有一对出自豪门旺族的父子，儿子本与另一大户人家的女儿订婚，就在婚礼即将举行之际，已是鳏夫的父亲突然决定续弦。这个女人出自巨富之家，可带来一笔可观的嫁妆，但她出嫁有一个条件，她丈夫的儿子不得娶外姓人的女儿。因为她担心，一旦她丈夫有什么意外，她将失去所有财产。因此，这个儿子不得不取消了婚约，与父亲同娶一女。我们不知道这三个人过得如何，在我们离开当地的时候，似乎父亲在家庭中略占优势。不过四下谣传，即将爆发一场内乱。

如何避免分家，保护财产并使其升值，是所有这些离奇婚姻的基本出发点。“一夫一妻”、“一夫多妻”和“一妻多夫”都不过是表面的联姻形式，所有这些形式的最终目的，就是要永久地扩大家族的利益。

另一个有趣的风俗习惯，是把两个无亲属关系的家庭合二而一。与此相反，也有把一个家庭一分为二的现象。无论采取何种方式，经济利益永远是决定因素。对于贵族家庭的分裂与合并，政府的核准至关重要。那种在全世界的任何家庭都极其重要的情感：爱情与妒忌，在这里却是无关紧要的小事。

西方作家曾提到西藏妇女有自由和受尊重的形象。的确，她们不受裹足之苦，也不用藏在闺房羞于见人。恰恰相反，作为一条规矩，她们管理着家庭的钱袋。但是西藏男人不为女士让座，也不讲“女士优先”，在藏语中也没有与女士相当的词汇。相反，女人一般被称作低一等的人。她们的职责是在家里生儿育女，主持家务，经营店铺。她们不许有任何抱负，禁止涉足政治，受到宗教歧视，被当作肉体享受的对象，因此属于下等人。

在这世俗享乐的底层里，妇女不受任何拘束之苦，她们接受异性的追逐，在自己丈夫面前与他人打情卖俏。妻子可以互换甚至租用，作为玩物，尽管同时她们也在游戏人生。她们逢场作戏，除了自己的男人以外，与僧人，甚至某些圣徒纠缠不清，常常导致圣徒的毁灭。一位转世活佛曾向我们吐露真情：“女人是灾难”。

骑马迎新娘

一个仲夏之夜，凌晨一两点我们就骑马穿过拉萨泥泞的小巷，去参加一个西藏婚礼。西藏重要的仪式都在凌晨举行。按当地的风俗，新娘必须在破晓前离开娘家，看起来就像要私奔一样。西藏人极重视黄道吉日和如意时辰，一天中最初的几小时被认为是最吉祥的时光，所以占星术大师断言，新娘要在清晨四点嫁出去。于是，我们两点就要启程赴宴。

并不是什么人都可以参加藏人的婚礼，就像在内地一样，人们必须尊重占卜师的决定，出席者与新娘新郎的生辰八字不得相克，五行必顺，属相须合，否则会引来灾难。为了吉利，西藏的婚礼一般只在两家人之间举行。我们非常幸运，不仅没有受到种种忌讳的限制，还破例加入到婚礼的行列，亲身经历了婚礼的整个过程。

我们来到新娘家，那儿漆黑而寂静，仆人告诉我们新娘已起床，正在化妆。他们立刻点亮家庭经堂的煤气灯，婚礼就在此举行。这是我们所见过的最大的经堂，像其他经堂一样，在佛像和经书前点着灯、陈设着供品。这些东西占据了屋子的一面墙，屋中特地留出一个四方形的空地，周围摆放着镀金的桌子和高高的椅子。沿墙是精心绘制的巨幅唐卡，房间的支柱上披挂着丝绸哈达作为装饰。

我们被安置在大厅的一角，整个场面可以一览无遗。这时来了一个喇嘛，此人的属相自然与新娘相容。这个喇嘛博学多识，对我们热心指点，多亏他的讲解我们才知道，西藏婚姻的

一位藏族新娘和她的几名傧相及侍从

相亲程序(时在20世纪40年代初——编注)与内地三十年前几乎如出一辙：媒人来说亲，新娘新郎的属相决不能犯冲，如果父母同意，再征求子女的意见，他们也不反对的话，就签订一个契约，两家正式联姻。

契约的开头用诗一般的颂词赞美吉祥的来临，然后简短地介绍一下缔婚男女各自的情况，称赞他们的男才女貌，从星相上说，是天造地配的一对。双方父母表态赞同。这时才开始书归正传。娶媳妇或招女婿的一方应向对方付一笔订金，通称

“奶钱”——相当于一笔抚育费，还要承担双方父母与媒人共同订立婚约的费用，与内地订婚的花费几乎相同。

而嫁出儿子或女儿的一方要准备一份嫁妆，可以是钱或物，也可以是土地或奴隶，这些都被明确地写在一个附加的清单上。接下来是因西藏婚姻的复杂状况所需要的附加条件，然后两个家庭和媒人要在这些约定上写字画押，最后大家齐声歌唱，表示万事俱备。

现在回到结婚仪式：高台布置就绪后，家庭成员都穿着礼服肃静地鱼贯而入，在祭坛的左边按顺序就座。一个被五颜六色的丝绸、锦缎和繁复的装饰包裹起来的人，被几个女仆人簇拥到面向祭坛的高台上，可以听见她在面纱后面哭泣，这就是新娘。

五个身着黄锦缎礼服的仆人走进来，他们的礼服上绣着一只伸开爪子的绿色龙，他们戴着红色平顶的帽子，宽帽檐儿上缀着红穗，穿着深色的靴子，进来后就坐到新娘的旁边。同样衣着的另外五个仆人被一个穿黄色藏袍、戴茶托形帽子的僧人带到对面就座，他们后面还跟着四个穿无花黄色丝绸衣服的人，这些人也坐在新娘家人的对面。我们的喇嘛朋友告诉我们，这些僧人属于宁玛派，跟在他后面的这几个人，前一天就被新郎派来接新娘了。

静静地过了几分钟，进来了两个仆人，一个人手托一盘插着彩旗的大麦粉，另一个人手托一盘大麦粒，他们后面还跟着三个女人，端来一大壶藏酒和几个大号的银酒杯。从一家之主开始，他们依次为每个人奉食。这家人用指尖撮起一些面粉和麦粒，先弹向空中敬神，再把剩余的放进嘴里。敬酒的时候，他们用无名指浸入酒杯，再和拇指一起把酒弹向空中，最后把手指放入嘴里。

仆人都退下以后，僧人开始用低沉而悠长的嗓音诵经。又进来几个仆人端来藏茶、水果和稻米，每个家庭成员都重复着同此前一样的动作。

又是一个小憩。新郎家人在新娘家人面前排起队，同时，另外几名仆人搬入一个小桌子，上面摆满了煮熟的羊肉、牛肉和米饭，按照象征性的程序又服侍一周。随后，新郎家人被一一献上哈达，于是他们开始齐声合唱，歌颂新娘家庭的繁荣昌盛，歌曲的调子低沉而单调。他们笔直地站在各自的位置上，将手举到胸前，猛地上下摆动着他们的胳膊，长长的衣袖随之舞动，同时一齐跺起脚来开始跳舞，就像是一排上了弦的玩具人，人们纷纷把美酒和哈达献给他们。随后，新娘家人起身，回报以同样的舞蹈。

两家再一次互献哈达，随后大家伴着新娘走出大厅。在喇嘛朋友的提醒下我们匆忙下楼，看见新娘坐在一匹马上正要前往她的新家。她缩成一团，伤心地哭泣着。新郎家的一名成员，在她的背上绑上一个像箭一样四英尺长的东西。我们被告知，这个东西叫达玛儿(Da Par)，它的顶部有五个突出的点，披着五种不同颜色的丝带，象征着五个美好的祝福。在它上面还挂着一面圆镜子，是避邪的护身符。在古老的西藏，情郎要送给情娘一块绿松石作为定情物，表示占有。现在绿松石已被达玛儿取代，而且新娘一直戴着它去见新郎。

西藏东部某部落的头人，盛装参加重大典礼。

队伍启程了。这支队伍由下列人士组成：一名僧人手持一根长柳树枝，上面挂着一幅彩色佛像画卷，这又是一个驱魔的护身符。还有新娘的护卫、新娘及新郎的家人，所有的人都骑马。我们礼貌地保持一段距离尾随而行。

新娘的坐骑是一匹漂亮的装饰过的母马，它的小马驹一路小跑紧随母马左右，这是吉祥的预兆。有五个佣人搀扶着啜泣着的新娘。一路上他们被新郎的迎亲队伍打断三次，向新娘敬酒，按习惯的方式敬神。快到达新郎家的时候，突然冒出来一名歌手，敞开明亮的喉咙大唱赞歌，他赞美大门、房子、经堂、内部装饰以及许多无关紧要的东西，最后以颂扬屋顶的经旗结束。

队伍停在屋前，没有人出来迎接新娘。她被扶下马，站在一个由装满了小麦的皮袋堆成的下马墩上，上面用谷粒画了一个象征吉祥的卐字符。我们随着新娘拾阶而上来到经堂。包括新郎在内的全家人已经穿着礼服坐在那里，新郎对新娘没有任何欢迎的表示，更不要期望其他家庭成员有什么反应了。新娘被引到丈夫的下方就座，达玛儿被插在祭台前装着谷物的箱子里。随后，送亲的其他成员进屋并纷纷落座。此前我们在新娘家目睹的一切，又原封不动地重复一遍：敬献美酒美食，载歌载舞。

从始至终，整个仪式被重复得分毫不差。将结束时，新婚夫妇领着一小队人登上屋顶，新娘手中握着达玛儿。几个喇嘛正在新搭起的帐篷里慢慢地念经，这对夫妇绕着帐篷走一周，点燃一种叫桑的香草，现在一个新成员已加入这个家庭。新娘还要向护卫其夫家的神灵行初次的敬礼。神圣的仪式结束了。现在是五点半，天刚蒙蒙亮。

新郎家也同新娘家一样，没有什么客人列席。突然来了一伙唧唧喳喳闲不住的孩子。一个小女孩对她的朋友说：“你看，新娘子根本就没哭！”“你怎么知道的？”“看她的脸，没有一滴眼泪！”我们下意识地看了一下新娘，她已摘下了面纱，我们正好目光相遇，这么近距离的对视，使她羞得满脸通红，她脸上确实没有泪痕。这次经历让我们知道，西藏人可以出色地扮演其应该扮演的角色。

西藏人最初和最后的仪式

佛教徒把一生划为四个阶段：出生、成长、衰老、灭亡。出生不用特别的欣喜，死亡亦不用过度的悲伤。

西藏人在孩子出生的第三天才小范围地庆祝一下，尽管不是特别地厌恶女孩，男孩还是更受欢迎。婴儿刚一诞生，人们就把大麦粉和酥油混在一起塞进他的嘴里，这是他的第一口食物。还要在他头顶的静脉血管上放一小块酥油以“抗风”。按照藏医的观点，“风”可招致人类三分之一的病痛。出于同样的理由，也要给母亲一大块酥油。孕妇和产妇都没有特殊的食谱，不论贫富，西藏妇女都喜欢人乳喂养婴儿。

满月时给婴儿取名，可以由父母取名，但最好由一个大喇嘛赐名。除了极个别的例外，男女性别的名字并无太大的差别。大喇嘛总是把自己的名字赠予婴儿作为祝福，这就是西藏同名者如此众多的原因。婴儿被第一次带出家门往往在命名日，他们被带到寺庙里给佛祖上供。藏人一般没有过生日的习俗。

西藏人曾经用斯巴达式的培育方法锻炼孩子勇敢、坚忍不拔的性格。那时，两三个月大的婴儿被脱得一丝不挂，放在太阳下晒数小时，即使最冷的季节也是如此。这真是一次生命极限的考验，不过事先要在婴儿全身涂满酥油，日照之后也不洗去。大家认为，这是在培养婴儿抵御西藏冷酷气候的能力，一个月要做两三次，直到小孩长到两三岁为止。

与别处一样，西藏人最大的肉体痛苦来自疾病（按照佛教病理学的理论，人类有四百零四种疾病），人类的疾病是由于本身愚昧无知、疏忽和外界有害的影响导致的。

如果不幸患病，只能祈求吉祥三宝的威力治愈。西藏人认为，可以伤害我们的神灵不仅存在于我们的周围，还在我们的体中。例如，每个人的躯体里有五群神灵，第一群在头顶，第二群在右肩上，第三、第四群在腋窝下，第五群在心脏。最生命攸关的是第一群，必须请占星术大师确定其位置才可以灵验地祈神息怒。我们被告知，人的灵魂每天都在体内游动，如果触及到它正在停留的那一穴位，足以致命。另外，相应于我们的星宿显示了我们对外界哪些灾害最为敏感，每人都会在某个时刻、某天、某月，甚至某年，处于危险之中。

另一方面，我们自身的愚昧和疏忽也时常造成身体失调，所以经常请教喇嘛不失为上策，他确认不是恶魔的影响后就会建议用药治疗。

以佛教分类学看来，医学是人类知识十大学科之一。除了大量地借鉴了内地与印度的知识以外，藏医学源于远古时期在桑耶寺发现的一本重要著作。这本医学著作被认为是医学大师门拉（Men – La）的作品。在布达拉宫西峰的医学院内，至今仍可以看到门拉的画像。历史上，西藏曾经发现了许多涵盖广泛学科的巨著，据称它们是神或圣人所著，出于保护的目的，人们把它们藏了起来，等待命中注定的人去发现。

藏医学最精深的部分，据说与决定人类命运的星象研究密不可分。藏人说，藏医不仅可以确诊病人身体上的疾病，还可以测出病人及其亲属的命运。但是，外人尤为难以接受的是藏医开出的许多神秘的处方，所用药品可以是任何东西，从活佛的茶叶、食品、掉下来的头发到他的排泄物。

如果神示和医药都不起作用，那就是说，这病是命运的安排，是不可避免的。

一旦某人死了，家人就去请教占星术大师，他会占知：死者的灵魂在最后一刻去了何处、寄居在什么东西上；该念哪种祈祷经文；哪些亲属因其属性相克而不能参加丧葬仪式；葬礼选在哪一天、哪个时辰举行最为合适；以及出殡的队伍应向什么方向出发。

西藏人认为，离开肉体的灵魂会在介于今生和来世的“中间状态”行进四十九天。家人在死者的房间里悬吊一个留有火种的陶罐，一天三次向里面添加大麦、酥油、糖、檀香木和一些香料的混合物。他们认为，“中间状态”是无形的，不以食物为生，只依烟和气味生存。还要请一个博学的喇嘛念一种特殊的经文，为这个灵魂进入下一轮回扫清路上的障碍。有时喇嘛会写一封圣书，放在尸体的某个部位，以防这个游荡着的灵魂复归原体。因为一旦灵魂复还，尸体会站立起来在人间捣乱。正是由于这个原因，西藏房屋的门才造得如此的低，楼梯才做得那么的陡，意在阻止诈尸在追人的时候跑得太快了。

一切准备就绪，殡仪员开始可怕的本职工作。对西藏人而言，灵魂已经走掉的躯体无须过分顾忌。先脱光死者的衣服，脊骨被切成两段，再把全躯对折起来，将头颅纳入两膝间，用白布包裹好，放到用布帘遮挡的角落里，然后在头上放一个五角的头冠。西藏人认为，这就是它当初来到这一世界的样子。酥油灯和供品放在尸体的前面，请来一些喇嘛，最好是密宗喇嘛，昼夜看守并不停地念经。

前来吊唁的人不多，允许进入停尸房的人更少。表示哀悼时献条哈达，里面卷着一些钱，作为念经或画死者的保护神的神像之用，也就足够了。死者所有的衣物则捐给喇嘛以酬谢他们念特殊的经文。

西藏有四种处理尸体的方法。贫困的人家采用水葬，把尸体投入河中，或绑上一块重石头沉入湖中。现在这种做法已被法律禁止，只有偏僻的地区还保留着；那些被怀疑有传染病的死者是土葬，这是个别现象；第三种方式是火葬，如果依大喇嘛的规定，尸体要先在一个封闭的炉中火化，再将骨灰与黏土混合起来，塑成数百个小佛塔，在村里堆成几堆，这是对吉祥三宝最后的奉献。

最流行的做法叫雅拖（Ja－Tor），即天葬，意为“喂鸟”。这是一种特殊的鸟，比鸵鸟小但更加丑陋，藏名为雅果（Ja－Gor）。多年的经验使它们学会生活在天葬台的附近。西藏有无数个天葬台。

我们有过一次身临现场的经历。太阳升起来之前，我们赶到了一个荒凉的、到处布满岩石的地方，这儿倒是发生谋杀案的最佳场所。两个流露着戒备之心的人坐在一块岩石上吃早餐，一个提着灯笼的僧人坐在不远的地方。我们走近得知，他是一个喇嘛，他的老师已经故去，其身体将被切碎喂鸟。一个白色的包裹放在五十英尺外的一块巨石上，我们惊恐地走开，后退了一段距离。

那两个人点燃了檀香木，我们后来才知道这是用香气召唤藏在高山岩洞中的鸟。他们解开白布，开始了工作，即将尸体切成小块，与大麦粉捏在一起。鸟就一批批地飞扑下来抢食，有一百只左右，远远地看见它们走来走去，喧闹地叫着。我们后退到更远的地方。

那位死者的弟子在旁静观一切，只用了半个小时尸首就被一扫而光。按当地习俗，如果留下点什么，是不祥的信号。据说，只有罪人的尸体鸟才避而不吃。但是现在他无须忧虑了，他的老师被处理得一干二净，还有什么要求呢？

几个顶级活佛还有其他形式的葬礼。先将他们的遗体风干，用盐腌过做防腐处理，再用五彩丝绸缠起来，祀奉在一个佛塔里。这样的佛塔是公众的祭拜对象。布达拉宫里达赖喇嘛的金塔，以及扎什伦布寺里班禅喇嘛的银塔就是这样的例子。人们把遗体滴下的盐水和黏土混在一起，制作小佛像。这样的佛像具有非凡的佛力。有幸得到这样的佛像的人，都把它珍藏在漂亮的护身符盒子里，挂在脖子上或戴在头上，期望得到神的保佑。

第六部分

拉萨的一年四季

近观布达拉

一位西藏朋友曾半开玩笑地提醒我们，凡到过拉萨的人，会永远想念它。这也确实是我们的切身体会。

拉萨，这个所谓的喇嘛教徒的梵蒂冈，如果按现代的标准只不过是一个村庄。它小到从东到西不足两英里，南北也只有一英里。它位于吉曲河东西方向伸展的河谷之中。虽然位于“雪域”的心脏，却看不见雪山。周围有几座四五千英尺高的山峰，大多光秃，到处是岩石，在当地居民富于想象的心目中，把它们当作“八大珍宝”的象征。每年的六月至八月是拉萨的雨季，这时拉萨河谷里的一场阵雨，一股寒风，常常在山顶形成一片白雾。如果你艰难地爬上山顶，便可隐隐约约地望见西藏著名的雪山，否则，你丝毫不会感觉到已处于欧洲最高群峰的同一水平线上。这里的天空永远是碧蓝的，因而太阳、月亮和星星都分外的明亮而璀璨。一年中最好的季节气候温和，有几个月简直就是舒适宜人。

藏人眼中最愉快的天堂就是吉曲河流域。这个被称作“欢

布达拉宫有十三层楼高，上千个房间，这是喇嘛教的梵蒂冈，它高耸于平原之上。

乐水”的河流，把周围的一切都抚慰得平静而安详。当水量充沛时吉曲河有一英里宽，沿着一条绿化带，蜿蜒曲折地穿过南部郊区。雨季，河水上涨，它变得浑浊而喧闹。其他时候，它就像沙岸边滚动着的蓝色水晶，不仅美丽，还给平静的村庄带去了几许生气。河堤两岸的草地、灌木和树丛组成了一条“绿化带”。这是当年的驻藏大臣张荫棠倡导种植的。作为纪念，称之为“张”绿化带，（还命名一种花为“张大人花”），藏语称为“林卡”，花园的意思。对于长年生活在光山秃岭、缺木少草环境中的居民来说，这儿的确是个花园。就像沙漠中的一片绿洲，只有在这儿，他们才感受到了花草浓郁而清凉的气息。近年，出现了几个附有现代园林设备的私家花园，但林卡的绝大部分地方仍保留着原始风貌并对所有人开放。

西藏人常说条条道路通拉萨，但暖季进入拉萨最好的路线是西路。路过哲蚌寺，眼前就是一片辽阔的草地。远处，在一块突起的巨型岩石上矗立着布达拉宫的右翼建筑群。接着，是被矮墙围起来的大片丛林，从中可见到一座闪闪发亮的金色屋顶，这就是坐落在绿化带西头的罗布林卡（珠宝公园）——达赖喇嘛的夏宫。

穿过这片绿地，便是一条线条不清晰的羊肠小道。这条路的某些部分小到即使用西藏人的标准来衡量也非常之小，很容易被初来的人忽略掉。但是，这就是拉萨人神圣的转经路，称为林廓(Ling – Kor 外环)。它把拉萨城的主要区域围在其中，还横穿过拉萨与罗布林卡之间，圈住了一个叫功德林（Kun – De – Ling）的古老寺庙，那儿住着一个级别堪当摄政的转世活佛。这座寺庙与其他三座寺庙组成了备受尊敬的寺群——林细（Ling – Zhi 四大寺）。从这四大寺中已产生了若干位摄政。

功德林的右后方，在一个高坡上是纪念格萨尔（Ke – Sar）的庙宇。这是一位中国英雄，一个中亚的传说专门讲述了他的故事。西藏人似乎把这位英雄与名著《三国演义》中不朽的武将关羽混淆了。所以深究起来，会出现逻辑上的混乱：公元 2 世纪的汉朝英雄被清朝宣为圣人，而后，怎能又不清不楚地与藏族格萨尔联系在了一起，这倒是非常有趣的事（格萨尔的故土已经考证在今天的西康）。

假如沿着沙丘与流向布达拉北面的小河之间的林廓前进，就来到了“世外桃源”——鲁康（龙王庙）。围墙里，绿宝石般的龙王潭倒映着布达拉宫的北墙，环湖散布着高大的杨树和生着许多瘿瘤的垂柳。湖心有个龙王岛，上面坐落着龙王庙。西藏的许多传说告诉人们，西藏高原在远古时期曾是片海洋，那些主管海洋、兴风作浪引起洪水泛滥的蛟龙王，是西藏诸神中尤为霸道的一族。可能是由于惧怕蛟龙王，也可能是由于这片茂盛的绿地对习惯于禁欲主义的西藏人来说过于奢侈，拉萨人一年只来此一次。但我们听说，因为此地交通便利，树木丛生又与世隔绝，这曾是为爱情铤而走险的六世达赖最喜欢的幽会地点。

离开龙王庙，这条圣道绕到了拉萨城的北部。途中要经过

陈锡璋的女儿陈乃文和她的朋友们。1948 年摄于大贵族车仁家花园里（右一大贵族擦绒儿媳、右二锡金公主库库拉、右三为着藏装的陈乃文、右四大贵族擦绒的女儿培蒂拉）。

古老的拉摩切寺（Ra－Mo－Ch'e）。这是公元 7 世纪唐朝的文成公主嫁到西藏后兴建的一座寺庙。左边，穿过一片面积不到两英里的起伏的山丘，北山脚下的一大片建筑群便映入了眼帘，这便是色拉寺。该寺的后面，许多喇嘛的静修房舍在光秃秃的山上布成扇形。虽然从远处望去没有什么特殊之处，可是有些房子相当舒适并宜于静修。这儿曾是文化的发源地，为那些德高望重的长者所建，他们的名字从此保留下来。许多重要的建筑都集中在拉萨的北部。其中两座尤为重要，一个是策默林寺（Tshe – Mon – Ling），是林细（四大寺）中最重要的一个；另一个是木鹿寺（Me – Ru），这是一个与桑耶寺同样古老而神秘莫测的寺庙。另外的两个林（Ling）可以在这儿提一下，一个是吉曲河对岸的策觉林（Tshe – Ch'o – Ling），这是四个林中最次要的一个；还有市中心的丹吉林（Ten – Gye – Ling），在一场政治斗争中被十三世达赖摧毁了。

林廓经过城市的北部转而向南，把拉萨市的东部围了起来。那儿有一个老商业区，集市散布在纵横交错的大街小巷，既有商店也有路边的货摊，从柴米油盐到骡马小驹、日常用品一应俱全。每天一早就挤满了人和牲口，色彩缤纷，人欢马叫，一片繁荣景象。

到这里，圣道向西延伸，在市区和沿河南岸的绿色公园之间形成了一条分界线，继而拓展到西面一个锥形山峰的山脚下。这个山峰叫觉波里（Cho – Po – Ri 铁山），与布达拉宫所处的玛波里（Mar – Po – Ri 红山）组成了两座姊妹山冈，从拉萨河谷的两头都能看到它们。圣道沿着山脚开辟出一条步行小路，这儿是圣道最美丽如画的路段。沿着山岩的石面上都雕刻、绘画着佛像。小路边到处是由花岗岩制成的祈祷经咒片，上面刻着彩色佛像和咒文（曼荼罗 Mantra），其中不乏精美的手工艺品。周围的树丛、小溪，和美丽的吉曲河给这里平添了更多的魅力。再向北便来到罗布林卡与功德林寺的中间地带，来到了格萨尔寺所在的山坡脚下，回到了起点。这条著名的林廓全长为六英里。

从这里笔直地走下去，便是进入拉萨市区的入口。继续往东，玛波里（红山）和布达拉宫的屋顶就在眼前。右边是一个带有黄色圆形屋顶的建筑，那就是医学院。现在我们才看清楚，这两个姊妹山冈被一个低矮凹陷的山脊连接起来，那儿的最低处，就被开辟为进入拉萨的大门。历史上传说这里卧着一条龙，龙头在玛波里（红山），盘起来的龙尾在觉波里（铁山）。曾有一次因“龙”身塌方而引起恐慌，为了祈请山神息怒，藏人修建了三座雄伟的宝塔，一座横跨入口之上，两边各有一座，三座相连，用叮当作响的铃铛装饰（有摇铃接脉一说）。由于修复了龙的脊梁没有破坏风水，才躲过了一场大灾难。

尽管觉波里在高度上略占优势，但玛波里（红山）的声望却更高。因为达赖喇嘛的官邸——十三层的布达拉宫就坐落在这里，暗含任何人都不允许俯视达赖喇嘛的法规。穿过三连塔的中间塔门，正好看见矗立在山上那雄伟壮观的布达拉宫正面的全景，约有四百英尺高。有个叫雪（Zhol）的小村子就依偎在布达拉宫的下方，一个管辖着拉萨周边大片地区的地方行政官就驻在这里。

沿路来到布达拉的正下方，穿过一片空地就来到了雪村的大门前。大门的右边是一块石碑，这是西藏最古老的遗物之一，只有极少的西藏学者可以读懂碑文。这是在吐蕃全盛时期诸侍臣对藏王赤松德赞表示效忠的誓言。大门的左边是两个黄色的亭子，每个亭子里都有一个写着四种文字的纪念碑，碑上记录着皇帝的公告，所以亭子是代表皇室的黄色。一个纪念碑记载了康熙皇帝胜利地平定了准噶尔（Junker）对西藏的入侵；另一个记录的是乾隆皇帝大败廓尔喀人（Gurkhas）的战役。战胜准噶尔的有功之臣在玛波里（红山）东北角的岩石上记下了他们的丰功伟绩。

去拉萨的路上，要穿过一个带有绿釉琉璃瓦和封闭窗子的石桥，有不少关于这座内地汉族风格建筑的迷信说法。离开拉萨的人绝不能路过这里，但进入拉萨的人可以安全地经过此路。谁也讲不出其中的道理，但每个人都这样做。还有一个已成为废墟的大门，仍执著地守护着城市的入口。再走不远，我们就到了八廓(Bar – Kor) “中环”。

八廓是一条较宽阔的街道，圈起了一个不规则的四方形，里面便是拉萨城的主寺——大昭寺(Tsu – La – Khang)。这条街不足一英里长，热闹的新集市就在这里。除了寺庙和几个老贵族的住宅，街道的两边排满了商铺，有些还很现代化。得益于市中心的位置和恰到好处的长度，这条街成为拉萨居民最喜欢的步行街。

西藏流传着许多讲述松赞干布的尼泊尔王妃兴建大昭寺的故事。最著名的一个提到，一个地下海被从拉萨搬到了青海湖。还有一个是文成公主帮尼泊尔王妃为大昭寺选址的故事。她仔细考察了拉萨河谷的地形，发现此地极像一个仰卧的女妖，所以决定在此建寺镇妖。大昭寺屡次遭到破坏又多次重建，在西藏的历史上一直扮演着振兴佛教的重要角色。这里不但珍藏着几千尊佛像，还在一千五百年间积累了五彩缤纷的传说。但与这些深刻的内涵极不相称，这个正面朝西的三层寺庙，看起来毫不起眼。门前是一棵非同寻常的柳树，据说是唐朝的文成公主亲手所种。它显然是棵古树，但没人能说出它的树龄。拉萨人称这棵公主柳为“君主的长发”，它垂拂的枝叶，传递着一种吉祥的预感。树下有一个石碑，上面是公元822年大唐与西藏签订的友好条约的汉藏文本。大昭寺院门的右边是另一个写有两种文字的纪念碑，这是18世纪最后十年一位精明强干的驻藏大臣发布的“天花公告”，不但要求藏民杜绝流放受传染的病人的做法，提倡采取预防措施种牛痘，而且还禁止藏民以尸体喂鸟的旧习。从汉人的观点看，这是十分可怕的习俗。纪念碑已被破坏得伤痕累累，足以见得藏人对此类干预

拉萨的主要街道——八廓，布满了小贩和货摊。

的不满。纪念碑的后面有许多石板，记录了大败廓尔喀人的细节，还列有参加此战役高级将领的姓名。大门右边的墙上也有很多石板，记载着道光皇帝的谕示，规定用金瓶掣签的方式决定达赖和班禅喇嘛的转世灵童。

大昭寺的中心位置摆放着释迦牟尼十二岁时的著名佛像，这是文成公主从内地带来的。还有很多有趣的佛像和塑像也都供奉在这里，其中包括松赞干布和他的汉族及尼泊尔王后的三

1947 年，国民政府驻西藏办事处、电台、小学、测候所官员、眷属合影，还有一些汉商及眷属。

人组合像。大昭寺是一所聚集了许多小经堂和走廊的建筑，被一堵围墙环绕着。墙的内侧便是最短的圣道——囊廓（内环）。圣道的两旁排列着许多转经筒，墙上有无数幅描绘佛祖传说的壁画。围墙外侧的部分房屋已被噶厦征用。寺门向南开，里面有一个石头铺地的院子和一个高台，每到新年庆典，“教主”甘丹墀巴都要在这个台子上说法论道。

大昭寺的北面是拉萨市政府。新集市的北部是清一色的尼泊尔人的聚居区，到处都是尼泊尔人开的商店。伊斯兰教徒集中在另外一些地区，他们多数来自青海，少数来自印度，那里只有零星的几家汉人商店，藏人经营着街道两边几乎所有的货摊。

四根高大的旗杆粗略地标明了拉萨主要大街的四个角。每根旗杆都有自己的名称，并包含着深远的意义。一根旗杆控制着西藏的政治命运，另一根保佑着西藏的宗教昌盛，第三根赠予每个西藏人欢乐，第四根祝福西藏人事业有成。每年都要将旗杆放倒修整，挂上新的经旗，并在仪式中重新竖起。

尽管八廓是一条未经铺砌的土路，没有路灯，有点肮脏，还有不少护卫着自己地盘的狗，但每年的狂欢和节庆都在这里举行。它不仅是拉萨的主要大道，也是全西藏惟一的一条真正的街道。然而，人们对它并不珍惜，他们随地扔垃圾，随地大小便。但无论如何，这都是他们的圣道。每天晚上总有一群人在这儿念经，为今生来世积累功德。

积累十万功德的月份

藏历虽然建立在“时轮”这一佛教理念之上，但无疑也受到了内地农历的影响。藏历和阴历二者经常相符，比起格利高里历，大致要晚一个月到一个半月。

与内地汉人一样，西藏人用黄道十二宫与五行相配来计算年份，每六十年为一轮。藏历很早就被人们使用，晚到 11 世纪才得到了进一步的完善。藏人认为当前的一轮是他们的第十六轮，以此可证实其历史之悠久。但是，藏人热爱创造，他们篡改了日历，任意增减，成倍地增加吉利的日子，而删去不吉利的日子。这样，藏历里有两个连着的二月二日，却找不到二月三日到二月五日之间的二月四日。藏历中每个月的满月和新月这两天，也就是十五日和三十日，以及八日至二十三日之间的这几天，都被视为特殊的日子。这段时间，积德和造孽的效果都会被成倍地扩大。所以，西藏人在这几天不吃肉，还明文规定禁止屠宰牲畜。他们也是一周七天，但视周六为休息日，所以这天不谈大生意、不付款、不从仓库取货，所有的政府机构

后藏的女人

都休息。

为了便于叙述，暂时不提藏历新年，而从藏历三月这一温暖的季节开始。西藏与喜马拉雅山脉沿线的其他地区一样，一年只有两季：暖季和冷季。每当沙尘暴之后，集中在藏历新年期间的许多庆典节日也正好过完，拉萨就开始闻到春天的气息了。有两件事预示了暖季的到来：藏历三月八日，僧俗内阁的全班人马要穿着冬装去参加布达拉宫的一个仪式，返回时他们已悄悄地换上了夏装。这个仪式除了正式地传递一个换季的信息以外，还是新人正式为政府服务的日子。每年有三次就职仪式，这天举行其中的一次。此后不久，在一个吉祥的日子里举办另一件不寻常的事——达赖喇嘛从冬宫布达拉正式迁往夏宫罗布林卡。不用细说，仅从当时壮观的场面便可得知，事关西藏最重要的人物。达赖喇嘛坐在一个由十六个人抬的黄色丝绸装饰的大轿子里。这时，所有的僧俗官员都伴随在专门护卫达赖喇嘛的藏兵队列旁。这次迁居倒是给拉萨人提供了两次看热闹的机会，因为前一天还要全部到位地彩排一番。

藏历四月是萨嘎（Se－Ka）星之月，每个藏人从心底里感到了温暖。这个月既是佛祖出生、涅槃，也是佛祖顿悟成佛的月份，是降祥赐福的月份。所以这个月所具有的威力非常之大，不管好事坏事，做一次就等于做了十万次。

拉萨人这样热衷于积累功德，如果善行确能获得如此丰厚的善报，岂不是奇迹吗？他们在藏历四月整整一个月奉行不许吃肉规定，因为这个月屠杀一条生命等于毁灭了十万条生命。只有达赖喇嘛例外，如果他愿意，可以吃肉。善男信女们从本月的第一天起就苦苦地修行忏悔，有些虔诚的人从日出到日落

后藏的男人

水米不沾。守不语戒的期限各有长短，分八天、十五天和一个月。拉萨到处都是被请来的大喇嘛在念经、做法、祈福，百姓加倍地捐献和供奉物品。每座祭坛前都燃着长明灯，就连政府官员也不放过这个机会，他们每人要特赦一个被判处死刑的囚犯。老百姓没有能力救人命，便从屠夫那儿买羊拯救生命。施舍的对象多是乞丐和远远近近乞讨而来的喇嘛和尼姑。他们有的带着帐篷，有的手捧佛龛。许多人静静地坐在林廓的路边，边转经筒边念经。还有人坐在流淌的小溪旁，把经筒浸入水流中借助水力加以推动。也有一些人坐成几行，集体化缘，他们一边齐声歌唱一边热烈地鼓掌。每个人都在寻求施舍，所得的东西无所不有，大麦面、盐、稀罕物，甚至藏酒，这都是个人或公众团体的捐赠。

积累功德最普遍的方法是转林廓。从这个月的第一天开始，无论男女老少，富人还是贫民都忙于绕着拉萨念经。那时全家出动，丈夫、妻子、孩子和仆人一起转经筒、捻佛珠、沿着林廓循序前进，后面跟着他们的宠物狗和赎救的羊。这种热闹的气氛随之激起更高的热情，似乎走路念经还不够虔诚，于是有些人五体投地的大拜倒，磕长头。他们先双手合拢举过头顶，然后双手下移，在嘴部和胸部各拜一下，再全身扑倒在地，像测量长度一样双手伸向前方，在手指所及的地方放块石头或一片骨头做标记，然后站起来，从记号开始重复刚才的动作，每个招数毫不马虎。以这样的方式绕林廓一圈需要一周的时间，所以必须戴上厚护膝和皮手套才不会受伤。对某些人来说，纵向的大拜倒仍不到位，而要像测量宽度一样横向地拜倒磕长头，一路都是如此。我们曾有幸目睹了一两次纵向大拜倒，那可不是在平地上，而是在觉波里山边的一条陡峭的山路上，其惊险的程度真让人赞叹不已，没有点真功夫是绝对做不到的。我们听说，曾有一小队佛教徒从内蒙到拉萨，一路上就是这样纵向地磕长头而来。我们不禁怀疑，是否有人这么长距离地横向磕长头而来呢?!

这个月的十五日是一个美好的民间节日。每年的这个时候拉萨人都要去游龙潭，在龙王庙庆祝节日。此时，碧绿的湖水倒映着庆祝人群的艳丽盛装，到处洋溢着欢乐的气氛。湖边雨后春笋般的冒出许多酒馆和饭馆。从龙岛传来悦耳的音乐，树阴下的湖堤旁群聚着游人，他们悠闲自得地欣赏着眼前的趣事。湖面荡漾着几只牛皮船，几位先生和小姐正赛船赶往龙王庙。突然几个人在争抢中失足落水，引来一阵欢乐的笑声。

就在同一天，四个噶伦要率领身着华丽绸服的全体俗人内阁走一圈林廓。清晨，他们先在大昭寺举行一个仪式，然后从北部开始，从小昭寺附近缓慢地绕过城市的东边和南边。参拜了罗布林卡和布达拉宫后，他们也乘牛皮船去龙岛。于是，每只船都被深红色、琥珀色和紫色的丝绸衣服挤得满满的，就像水面漂浮着许多鲜艳的花朵。四大噶伦还要在龙王庙主持一个小型仪式，并把五件珍宝沉入湖底作为供奉。然后再继续他们的林廓行，直到出发点才散去。

不仅在龙潭湖和拉萨充满了这种欢乐的节日气氛，拉萨东部几小时路程的地方还有一个“献花节”，乃穷寺预卜世运的灵媒和策觉林的守护神都被请来发表预言。第二天，策觉林的守护神返回本寺，那时会有很多拉萨人渡过吉曲河到策觉林寺去拜佛。正如以前提到过的，这时是解读著名的纳木措湖（天湖）上显现的影像最灵验的时刻。

在积累十万功德之月这一章里，还必须提到一个有关转林廓的故事。

一天，伟大的五世达赖喇嘛从布达拉的顶层十分惊奇地看到卓玛女神正在转林廓。如果只是看见一两次，这不足为奇，因为他是惟一独具慧眼、领悟非凡的圣人，能看到凡人看不到

佛祖的巨幅丝绸卷轴画面，每年只在虔诚的百姓前展示一次。

的现象。他在每天的同一时间都看到了这个情景，他预感到这是不祥之兆，便向下属吐露了这件事，并让他们做一番调查。

几天后，下属带来一位憔悴的老人。这位老人在观世音的化身面前害怕得浑身发抖。达赖喇嘛面带微笑，怜悯地看着他问道："你就是那位每天总是在这个时间转林廓的人吗？"

"是的，尊贵的救世主，您是先知先觉，万能的菩萨……"他一边承认，一边唠唠叨叨地表达他的敬意。“那么，你知道每当你转林廓的时候，仁慈的女神卓玛一直在保护你吗？”这个老人听后目瞪口呆，伸出舌头趴在地上，突然他边呻吟、边喘气地嚎啕大哭起来。所有的人，甚至达赖喇嘛都觉得不解而好笑。“告诉我，你知道吗？”“不知道！不知道！”这个可怜人极力摇头否定。就像他被别人抓到了亵渎神灵的罪证一样吓得魂不附体。他在地上边哭泣边叩头，乞求宽恕。“别害怕”，五世达赖亲切地问道，“你只要告诉我，每次转林廓的时候口诵的是什么？是秘咒‘唵嘛呢叭咪吽’，还是献给仁慈宽恕女神的经文？”“是的，是给卓玛的经，是给卓玛女神的。”他哆哆嗦嗦地回答，然后壮着胆子补充道，这是他四十年以来转林廓时惟一能背诵的经文。“非常好，你先定下心来，能给我背一遍吗？不用怕，老人家，我只想听一遍，然后就让你回家。”

迟疑了几分钟，这位老人才勉强同意照办。这一听不要紧，人们要不是出于对达赖喇嘛的尊重，一定会哄堂大笑。就连达赖都忍不住笑着说：“这真是太荒唐了！可怜人，你怎么能念了四十年的错经，却没人告诉你呢？”听到这样严厉的批评，老人又伸出舌头抽泣着伤心地哭起来，认为自己这回注定要完蛋了。

“别哭了”，五世达赖打断道，“听着，现在我是你的老师，我教你背诵正确的卓玛经。在场的其他人应该更加认真地传经讲道，而不是嘲笑这位可怜的老人！”

这位圣人用了整个下午的时间来纠正老人的错误，使老人终于背会了正确的卓玛经。自从伟大的五世达赖查明了真伪以后，老人每天继续转林廓，念真经，卓玛女神再没有出现过。

一段时间后，五世达赖又把老人叫来当面复查，证明他确能准确无误地念经了。但他有些不解，为什么卓玛不再出现了呢？深思熟虑之后，他命令老人不念真经，而改念过去四十年一直念的错经。第二天，他从布达拉宫果然再次看见卓玛女神转林廓。他立刻派人找来老人问道：“今天你念的是你自己的经还是我教你的经？”“我自己的经，我是说那个错经。”“那么为什么你一念错经卓玛女神就光临，而你一念真经她就不出现呢？”这显然不是老人所能回答的问题，他被问得害怕起来，含糊不清地说：“我不知道，万能的救世主，我实在不知道……”“但是我知道。”圣人意味深长地答道。

五世达赖转向他的大臣们解释道：“念错经的时候，他的心灵集中在卓玛身上，女神就来保佑他。但念真经的时候，他的心灵都被经文占据了，一切就不同了。”

这个故事的寓意在于：重要的是全身心地去做，而无需知道什么是对错。

右一沈宗濂警卫陈长生、右二李有义、右三沈宗濂、右四李国霖、右五办事处警卫、左四云南大商人、左二北京大商人。摄于 1944 年

拉萨的野餐季节（耍林卡）

只要一对拉萨市民提到林卡的帐篷和野餐，他们就似乎闻到了草木的芳香。耍林卡的季节从藏历四月开始，野餐的话题要持续到八月底。

回想在拉萨的日子，最轻松愉快的休闲时光都是与藏人一起在户外度过的。记得刚到拉萨，这座几乎没有绿色的城市让我痛苦万分。后来，终于在河边看到一块绿地，那种愉悦的心情真是无法形容。拉萨人也格外珍爱这片绿地。

当初前辈选择了拉萨作为一个幅员辽阔的帝国的统治中心，可是今天的拉萨人已经失去了前辈的许多特点。特别是贵族，他们在汉族达官贵人的影响下养成了城市生活习惯和高雅精细的口味，这样就失去了与自然的那种休戚相关的联系，耍林卡的传统几乎被淡忘了。如果外出，就去他们在乡间的别墅；他们的花园布置得方方正正，如人为的几何图案；他们的花栽在花盆里；他们的帐篷即使住人也过于铺张，早已不是原来意义上的帐篷。我们曾见过两个非常精致的帐篷，一个是蒙古式的帐篷，简直就是一个打开的降落伞，外表满是金色和绿色的装饰图案，里面都是红色织锦锻和富丽堂皇的西藏地毯。另一个帐篷建构得像个可移动的房子，窗户、门、窗帘样样俱全，搭建在木地板上，周围还有一堵矮墙。这两个帐篷里都摆满了茶桌、沙发、软椅、香烟架和地毯，而且还分别在外面加盖了一个更大的专门遮风挡雨的天篷。

拉萨的洗浴季节

只有在普通百姓中还保留着游牧民族的传统生活习惯。每年的藏历五月十四日至十六日这三天，拉萨城的居民像潮水般涌向吉曲河边的绿地。十五日那天的人数最多，这天是“快乐的世界奉献日”，是感恩的日子。

这个节日起源于很早以前。那时，藏南的广阔地区要为“佛教三藏”组织三次奉献仪式。现在只保留了在桑耶寺举行的第一个仪式。借这个机会，世上所有次一等的神灵都要下凡到桑耶寺参加这场欢乐盛典。此时，整个西藏虔诚的人们点燃一种叫做“桑”（Sang）的香草堆来欢迎众神。

这个时候光顾桑耶寺的一位重要的神灵是孜玛瓦（Tsi－Mar－Wa），他是寺庙的保护神并管辖所有已故者的灵魂。同一天，孜玛瓦的灵媒却杰（Ch'or Je）要发表预言。他先饮祭羊的血，再将血涂在脸上，然后穿着钉有铁掌的靴子在寺庙的房顶上恍恍惚惚地跳大神。西藏学者认为，孜玛瓦不只拜访桑耶寺，他每年还要访问一次拉萨，但奇怪的是，这时他是作为著名的嘎玛沙（Ka－Ma－Sha）的灵媒而出现的。

嘎玛沙是色拉寺传达神谕(降神)的灵媒。他深受世人尊崇，地位仅次于乃穷。而乃穷一直被看作是全西藏的首席灵媒。这两个降神的巫师相互公开地对抗。嘎玛沙神灵是印度传说中最凶恶的龙的儿子，他忠实地追随另一个与色拉寺有关的印度神。有一个说法称，他也是拉萨的当地神灵。每年都发表两次公开的预言，一次是在藏历六月三十日，另一次是在年底。第一次预言，这位降神大师要口述一个日常用品的清单，收集了所有点名的物品之后，还要从色拉寺大驾光临拉萨，说一些充满象征的话，同时发表预言。他的预言总是让许多西藏明智的首领人物大费脑筋。

藏历五月十五日，嘎玛沙穿上盛装，在一位低一级灵媒的陪同下出现在拉萨的东郊。在那儿他们作为灵媒用法术招神，好像没有比这更容易的事情了：喝完藏酒，两个人很快就进入疯狂状态，一人向空中抛出两副交叉的刀，然后二人分别被搀上各自的高台。这时，拉萨的两名行政官员代表拉萨市民向他们咨询来年拉萨城的命运。首先,嘎玛沙作为孜玛瓦的灵媒作出预言。

这个仪式吸引了大批的观众。但大多数人更喜欢到河边作奉献。他们以家庭为单位，还有亲戚、朋友、邻居一堆一堆地

从西路进入拉萨。“圣地”拉萨作为西藏的神经中枢已长达十三个世纪。

聚在河边。个个都精心打扮，带着成捆的香草（桑）、地毯和满筐的食品和饮料。他们挂起神圣的彩色经旗，下方堆起一小堆香草，在草中掺上一把大麦粉和一些藏酒，把它们点燃，就开始静静地念经。一整天河边都弥漫着缕缕青烟，附近的山顶上也到处升起烟柱。因为这天不仅要拜河流、平原之神，还要向大山、小山的神表示敬意。念完经，全家人围着火堆坐成半圆，每人手抓一把大麦粉，齐声连呼三遍“叽叽嗦嗦（kikisoso）”，然后高呼“拉杰（Lha Gye）”[①]，把面粉抛向

① Lha－Gye 意为“神灵的胜利”。kikisoso 源于“苯教”的宗教语言，其意不明。

一队武士骑马踏上了与幽灵决战的征程

天空。至此奉献仪式结束。欣喜之余，人们纷纷开始寻找阴凉地准备聚餐。

大家都熟知这片树林的每一寸土地，每家都有中意常来的地盘。野餐的人们铺开地毯，享用篮中的食物。食品一般都比较简单，有大麦粉、酥油、茶、肉干、奶酪、杏干、糖果和准备充足的藏酒。不论男女老幼，大家都毫不客气地给自己斟满这种冷饮，推杯换盏，其乐融融。如果没有藏酒，西藏人是不会感到尽兴的。

有些家庭把一块布的四角固定在树上遮挡阳光。另一些人则用薄纱作屏幕，既遮挡了路人的耳目，又可以有一个较私密的空间。他们的娱乐方式多种多样，西藏扑克、麻将、掷骰子、玩乐器和射箭。最受欢迎的游戏是藏式掷骰子。从两人到四人都可以成局，这是一种需全神贯注的娱乐方式。先把两个骰子放进有盖子的木碗里，随着一个重击和一声喊叫，把它们摇在一个皮垫子上，点数决定玩者的分数，赢者得到所有的赌资。

西藏乐曲优美轻柔，既可用来配歌也可伴舞。来自西康地区的藏人特别擅长跳马拉松式的耐力舞。他们男男女女相互搭着肩膀围成一圈，一问一答地对着歌，一口气可以跳几个小时，相互间还不乏调情地开玩笑。小伙子穿着长筒靴，歪戴着帽子，追逐着咯咯笑着的漂亮姑娘。女士们穿着鲜艳夺目的服装成队成行地走着，吸引着众人的目光，成为一道亮丽的风景线。家家相互拜访、回拜、互赠礼物，好不热闹。同时，到处是成群的乞丐和狗。

宗教仪式中要烧毁的模拟像

富人们借机炫耀他们最好的帐篷，把它们陈列在一起弄得像个集市。这些帐篷可不是只展示一天，而是一两个星期甚至更长。仆人们忙着运水、烧饭、用木筒打酥油茶，并与隔壁帐篷的仆人忙里偷闲地聊天。主人陪着客人在帐篷里谈天说地，玩着游戏，不时传出阵阵的笑声。酒足饭饱之后，懒人们便走出来找个清静的角落宽衣解带，裹着肥大的衣服酣睡整整一下午。

女士们则喜欢在水里嬉戏。她们带着成筐的衣物走下沙滩，等到阳光可人、溪水变暖的时候，她们脱掉衣服，在水中洗涮衣物，然后铺在沙滩上。趁着晾衣服的时候，她们穿着宽大的衬裙，半裸着在浅溪中游泳嬉戏。这个长沙滩在雨季时会被淹没，也只有这时才能看到沙滩的本来面目。

当日落西山月亮升起来的时候，大部分的人像潮水般退回到城里，他们一路上还在嬉笑打闹。这时，他们确实是世界上最愉快的人。他们手臂相挽，步履不稳，快乐得像群孩子。我曾经目睹的一个场面至今记忆犹新：在喧闹的人群中，有一位老头跟在一位老太太的后面，他们可能是夫妻，两个人都醉得不轻。老头手里握着一根用牦牛毛编成的鞭子，每走几步，他便恶狠狠地猛抽老伴的臀部一下，留下揪心的声响。他每打一下还要骂一句，老太太就狂笑一阵，人群也以欢笑声回应。我们恐怕永远不会明白这是怎么回事，但可以肯定，无论是这两个表演者还是观众，都开心地享受着这个过火的玩笑。

作者之一的沈宗濂(左)与西藏“外事局”的局长索康扎萨

罗布林卡的藏戏节

从藏历七月中旬开始，藏戏就唱响在拉萨的每个角落。这个藏戏节叫“雪顿”（Zho－Ton），即施舍酸奶的意思。这个名称与藏戏相差甚远，原来此称呼源于藏历六月最后一天在哲蚌寺举行的一个仪式：即将离任的摄政向接班人移交权力，按照传统习惯，这个新人要请全体僧侣大会的成员吃酸奶。如今，由于哲蚌寺僧侣队伍已日益扩大，只能给在诵经殿中的僧众发放少量的酸奶。但自从有了哲蚌寺和达赖喇嘛，雪顿节就被延续下来，保留了原始名称和原始意义，但已变成了演戏的节日。

现在，雪顿已成为全拉萨的节日。但西藏的戏剧天才们多来自后藏地区，他们最具代表性。凡是要参加庆祝演出的剧团都把演出作为一种义务也就是差役，他们必须在藏历六月三十日这一天到哲蚌寺报到，并在寺中非正式地演一场。第二天，在布达拉宫和罗布林卡各彩排一场，这才正式拉开藏戏节的序幕。此后的四五天内，达赖喇嘛要让最优秀的剧团来演最好的

在一个演技精湛的宗教舞蹈中，三个戴面具的男孩做滑稽表演。

黑帽派舞者正在表演一个宗教剧

戏以款待全体内阁成员，而且罗布林卡的一部分禁区也对公众开放。

剧场是露天的，没有舞台，四周都被观众围得水泄不通。两个乐师的位置就相当于现代意义上的舞台背景，演员从人群中上下场。不知为什么，当地人称藏戏艺人为“阿姐拉姆”（A－Cha－Lha－Mo 姐妹女神），可能是因女神故事的某个著名角色而得名。似乎没有人能说得出藏戏的来源，权威人士认为，是由 15 世纪建造铁索桥的苦行僧汤东杰布（Thang－Tung Gye－po）首先创立，后来又受到内地的影响而逐渐成形的。所有的藏戏演员，不管是专业的还是业余的，都崇拜汤东杰布，视之为保护神。

藏戏的保留剧目极为有限，总共不超过一打，其中只有七八个剧目最受欢迎。除了个别例外，大多数剧团都是业余的，而且每个剧团只擅长演一两部戏。每年的藏戏节，只有四个剧团有资格给达赖及内阁演戏。演员是僧侣或农民，为尽义务而演戏，谁要是不全力以赴地投入，事后会遭到鞭罚。妇女也扮演主角，但喇嘛剧团除外。一般女艺人不准进入罗布林卡，那儿的女角均由男人反串，用男子的嗓子唱。

罗布林卡的戏院是一个用石头铺的院子，一百二十英尺长、九十英尺宽。上面罩着一个大帐篷，最里头是一个二层的小阁楼。达赖和摄政就坐在上面一层，透过一层黄纱帘看戏。两侧则是僧俗内阁官员的专座。他们都穿着制服，按照职位的高低坐在矮垫子或地毯上。只有下层的边边角角才是老百姓的区域。靠近舞台最好的位置都保留给贵族家庭成员，那些戴着棱角分明、五光十色头饰的太太们显得格外抢眼。大部分百姓站在周围，拥挤得你推我搡，为了保持秩序他们甚至会遭到鞭打。因为每年都是由同样的剧团演同样的戏，所以很多人不是为了看演出而来，而是为了在达赖的花园里享用野餐，这里的

一组演员

环境和气氛使他们流连忘返。如果没有这些人的捧场，藏戏节将大为逊色。

开演前，先是一个合唱队唱序曲。通常合唱队由八个人组成，他们披着飘逸的白发，戴着面具，身穿宽袖上衣和牦牛毛编成的网状的围裙，上面还缀着几个圆穗。演员握着饰有彩毛的马鞭，歌颂佛祖和佛祖的光辉业绩，预祝良好的开端。然后演员三三两两地出场，随着一面鼓和一对镲的节奏围成圆圈，这才正式开演。

西藏舞台上的鼓很像寺庙里用的鼓，直径为两英尺，架在高高的支架上。鼓手坐在地上，手里拿着一个弯曲得像长柄大镰刀一样的金属棒敲鼓。打镲的人看来是指挥，他以锵锵的镲声调遣着演员上下场。

如果演员长时间地围成一圈而没有任何变化，这将是一场令人厌烦的演出，特别是有时一出藏戏不间断地持续至少一整天，所以演员们时而朗诵，时而唱歌，时而对话，变化着表演。当一个人或几个人轮流用响亮而一成不变的嗓音朗诵的时候，其他人就静静地站在一旁。朗诵一般用来介绍即将上场的故事背景或衔接场次。藏戏的调子听似简单但很不好唱，通常总是主角拖着长长的高音，在唱出一种真假声几经重复的调子之后，加入其他人的合唱。这是一种至少半英里外都能听到的声音，是任何乐器都无法伴奏的高亢曲调。尽管放心，如果一天唱下来喊破了嗓子，演员会一个音一个音地往下降，直到找到艺人合适的调子为止。

唱歌朗诵之后，鼓镲再次响起来，演员便开始跳舞。他们前前后后地挪动着位置，当观众兴趣减弱时，他们就集体围着场子转，或者由某个人一圈又一圈地旋转。这时，他们那似围裙般的裤子就像芭蕾舞裙一样被舞动起来。

没有几个人能听得懂歌词和朗诵词，所以用当地方言对话才能带动整场的气氛。最受欢迎的是小丑，每出藏戏至少有几个小丑。小丑是最自由、最快乐的即兴发挥演员，插科打诨地道出大量现实中的趣事和笑话，乐趣无穷。当一对小丑展示他们的滑稽天分时，不仅能增加剧场的喜剧效果，还能让坐在地上休息的演员彻底地放松一下。

藏戏所有的情节都来自佛教的传说，大多数故事以古印度为历史背景，英雄人物永远是印度的王子或公主，反派人物则来自婆罗门阶层。内容多是经过艰难曲折的斗争，最后达到善必胜利恶必失败的美好结局。但有两个著名的故事与佛教无关，一个是藏王松赞干布与汉族公主、尼泊尔公主结婚的历史剧；另一个是出身于江孜贫穷人家的藏族姑娘的动人故事。总之，所有的美好结局都毫无例外地表达了西藏人的一种愿望，这也是联合国的理念，藏人与汉人、印度人、尼泊尔人、不丹人、拉达克人、穆斯林一样，各民族都是平等的（西藏人视穆斯林为一个特殊的群体，他们大部分来自青海，少数来自新疆和印度）。藏戏的道具简陋，戏服粗糙，表现方式无拘无束，年代的错误屡见不鲜。

富人们展示他们最好的帐篷

西藏官员连续四五天每天早上赶去看戏，半夜才回家。去罗布林卡的路上都是去看戏或看完戏回家的人，晚上的交通阻塞最为严重，密密麻麻的人群尖着嗓子高唱“阿姐拉姆”，整个城市都响彻着震耳的回声。

剧团既在罗布林卡为公众演出，也在城里的大寺庙和贵族家庭为私人演出。就这样，关于阿姐拉姆的话题又要持续十天，之后是禁演，直到下一年的藏戏节才解禁。

最出名的剧团都有自己的宗教信仰。藏戏最优秀的演员一度出自拉萨的古老寺庙木鹿寺（Me－Ru）。据说，他们中的许多人因演技出色而成为职业演员，另一些人则任性地和女性混在一起，因此激怒了寺庙的保护神，所以现在木鹿剧团每十二年才允许演出一次，除非地方政府有特殊命令才能例外。因为担心演员们败坏了僧俗两界的道德，所有的藏戏剧团不许在雪顿节后超期逗留。

换　季

前面已经提到过，拉萨妇女喜欢于野餐季节在河中洗澡。每年还有一次由占星术大师确定的一周的洗浴时间，据说，这样可以保佑身体健康。这一周定在藏历的七月或八月。这时日西（Ri - Shi）星一年一度地出现了，向所有的河流洒下纯净的光芒。每年的这个时候，平民与贵族都在吉曲河共浴，岸边支起帐篷，无论成人男女还是孩子，都要在冰冷的水中彻底地洗净身体。

这个洗浴周标志着耍林卡野餐季节的结束。树木开始凋零，草地也露出了枯黄的痕迹。暖季过去了，随着达赖喇嘛在藏历九月返回冬宫布达拉，预示着冬季的来临。

夏季是随着雨水一起消失的。于是西藏人开始粉刷他们住宅的外墙，白色是象征繁荣昌盛的颜色。在拉萨，总是布达拉宫率先行动。当一桶桶的石灰水泼向布达拉宫正面的墙体，就像是无声的命令，全城的人都紧随行动。整个过程简单而快捷，三层楼的建筑只需一小时便粉刷一新。

柳陞祺和西藏少年的留影

1944 年时的柳陞祺

据说，这一年一度的粉刷是为了让一位女神灵赏心悦目，她就是贝拉姆(Pai Lha Mo)女神，每年的藏历十月十五日都来拉萨视察一周。世上有很多关于她和她的同伴的传说，但可能没有几个人确切地知道她的来历。大昭寺众多著名的佛像中，就有一尊是这位凶恶女神的。她的脸由一片石板做成，后加的木制身体上却没有左臂。她被认为是木鹿寺的女保护神。这尊神像专门交给木鹿寺的喇嘛来保护。每年，石板上的面貌都要洗掉重画。藏历十月十五日这一天，总有一支喇嘛队伍绕城一周，队伍中的一位来自木鹿寺的喇嘛背着这尊神像。他们所到之处挤满了敬献酒和哈达的人。据信，从这位背神像的喇嘛所承担的重量，便可以预告西藏来年要发生什么事情。

再过十天便是格鲁派

的创始人宗喀巴的忌日。格鲁派的所有寺庙，特别是这位改革家亲手所建的甘丹寺都要诵经祈祷。清晨，僧俗官员穿着夏服骑马去布达拉参加一个仪式，返回时已换上了冬装。

这个忌日的一个重大活动是晚上的燃灯节。夜幕降临时，全城的屋顶和窗户摆放着数千盏闪烁不定的小油灯。大寺庙的场面尤为庄重，台阶上点缀着无数的油灯，大小喇叭齐鸣号召着晚祷，这一切为无数颗虔诚的心烘托出肃穆的宗教气氛。昏暗的灯光下，只见人影忙于一盏灯一盏灯地加油。每家房顶都堆放着的香草，噼噼啪啪地燃烧着，冒着淡蓝色的烟，夜空里充满了浓浓的香味。男男女女合掌祷告“赞美伟大的宗喀巴，雪域高原的思想家”。就在这个晚上，大昭寺内举行由四大噶伦主持的地方政府官员就职仪式，这是一年三次中的最后一次。

燃灯节之后，户外节日活动就基本结束了，从此时到年底前没有什么可以活跃气氛的插曲了。有一个小节标志着藏历十一月的开始，它的日期每年不同，由占星术大师决定。其实这个节日如有些藏人说的，更像一次迷信活动。它有一个古怪的名字：“九个厄运的日子”，历时两个半天，却分开不相连接。只要时辰一到，所有的拉萨人都停下手中重要的事情，政府机关也关门。据说，最先在西藏建筑铁索桥的汤东杰布就出生于这倒霉的日子中的某一天，为了冲淡这两天的晦气，所以重新取名为“九个幸运的日子”，从此便成了西藏人喝藏酒、纵情欢乐的节日了。

新年盛大庆典

藏历十二月的下半旬，拉萨的南郊就开始酝酿过年的气氛了。前来应召的男男女女排成长队，在一名手持皮鞭的官员的监督下，每人带着一捆燃料，齐声唱着歌曲等待应聘。他们所带的燃料用于新年大祈愿法会。到时会有两万多喇嘛汇集在拉萨。更多的人们在主要大街——八廓街上忙着放平四根旗杆，修修补补之后挂上新的经幡。家家户户都在窗上、门上挂起红色和白色的布条，房顶上的经幡和遮阳布都要焕然一新。家庭主妇开始用酥油或菜油煎炸面制点心，堆成一堆堆的，作为他们新年与亲朋好友交换的礼物。年末将至，要大扫除，在接待客人的家庭经堂里换上新的唐卡，接着在每座祭坛前供上一堆堆的新炸好的酥油糕和切玛(Dro – Ma)，这是一个像小树根一样的容器，是所有喜庆的日子必供的东西。还有一整套过年的供品：一壶酒、一个空银碗、一个盛大麦粉的木盘和一个装小麦粒的木盘。在大麦粉和小麦粒上还插着麦秆、酥油棍和一种叫做“新年花”的红色野花。

不同阶层的西藏人在不同的时间过新年。藏历十二月的上半月，农民开始庆贺新年；下半月寺庙举行神圣的庆典；然后新年来临，随之而来的是每个藏人企盼的庆祝和游行，节目排得满满的。

藏人最喜欢凑热闹，无论是街头的打斗还是大游行都不放过，并为此得名“代莫”（Te – Mo），这还成为了一个大节日的名称。藏历十二月二十九日在布达拉跳打鬼舞（面具舞 Devils Dance），这是代莫的序曲。

一般是在布达拉宫东侧的一个宽阔的石头广场上跳打鬼舞（面具舞）。鼓手和号手组成别致的喇嘛乐队，在一个击镲人的指挥下伴奏，约五十名精心打扮的艺人演出这场严肃的宗教仪式剧，这是一个关于佛教和黑帽僧人的保护神惩罚恶魔的故事。道具中有一幅画，画上是一个正在油锅里煎熬的恶魔。一位大喇嘛突然将一杯酒泼向这幅画，这幅画被点燃，射向天空变成一柱烟火，这是表演的高潮。据说，这些演员都来自达赖的私庙，面具和戏装都是在北京订做的。

全西藏的每个寺庙都要举行这个仪式，家庭也不例外，只不过更简单而已。一个人手托一盘煮熟的大麦粉和配菜，挥舞着一捆树枝，后面跟着一个人手举火把。他们从一个房间跑到另一个房间，大喊：“恶魔滚开，恶魔滚开！”然后把手中的东西扔出门外，同时放枪或点一个鞭炮。

除夕，人们用白粉在墙上、柱子上、房梁上和门前的空地上画上万字符、花瓶、花朵、太阳、月亮等这些表示吉祥的符号。全家人只吃一顿简单的晚饭，因为还有太多的事情要做。他们有个习俗，每个人都想在除夕夜第一个进入大昭寺，所以有一大群人在大昭寺门口守夜。午夜，沉重的大门刚启开一条缝，人群便蜂拥着冲向每一个殿堂，那儿的佛像已被装饰一新并点亮了酥油灯。这天晚上会有戴面具的人通宵达旦、逐门挨户地唱喜歌，祝家家来年喜庆满门。每家回报以哈达、酒、酥油糕和钱。除夕夜将尽，路上响起奔跑的马蹄声，这是政府官员穿着他们的新年盛装匆匆赶往布达拉参加早朝。

新年的头三天，拉萨人停止一切商贸活动庆贺新年。布达拉宫每天早上都有庆祝仪式，大家分别敬贺达赖喇嘛的三种不同身份：第一天，作为宗教领袖；第二天，政治领袖；第三天，佛教保护神。我们已经在前面的章节里详细描述了第一天活动的过程。第二天的仪式基本相似，只是俗人内阁更为突出，还要举行新任政府官员的就职仪式，这是每年三次中的第一次。

1947年，柳陞祺与意大利学者杜齐（左三）等合影

第二天的仪式有一个有趣的表演。布达拉宫的下方竖起一个高高的杆子，一个来自后藏的选手要攀登到杆子顶部一个旋转的板子上，做出一些滑稽的动作供大家取乐。据老一代人回忆，十三世达赖时期，这名选手常常坐在一块木鞍上，木鞍捆在一条绳子上，他从布达拉中心的最高处，沿着另一条绳子滑到地面，上下的落差有三百英尺，许多人被摔死或因木鞍与绳

索摩擦着火而受伤。后十三世达赖喇嘛下令禁止后，才换成如今这种相对轻松的方式。据说，第五世达赖喇嘛时期，为了扩建布达拉宫，后藏人被迫来此服役。他们故意把红宫的顶部建得大于底部，就像一个倒置的佛塔。当时的摄政桑结嘉措（Sang－Gye Gyam－Tsho）因此大怒，规定每年派一名后藏人为代表，从红宫的顶部危险地下滑作为惩罚。

新年的第三天，拉萨竖起了最重要的也是最后的一根旗杆，它护卫着西藏的政治命运。管理拉萨市的僧俗官员都要到场监督整个过程。一旦旗杆竖起，他们立刻策马去布达拉向达赖汇报。这时，也只能在这时才开始祝贺达赖喇嘛作为佛教保护神的仪式。

就在这一天，哲蚌、色拉、甘丹寺的喇嘛汇集在拉萨，全市人口骤然倍增。每个寺庙在拉萨都有自己的宿舍供僧人住。大街小巷挤满了剃着平头、穿着酱紫色袍子的人群，西藏最大的庆典活动，新年的大祈愿法会默朗钦波（Mon－Lam Ch'en－Po）马上就要开始了。

1946 年 7 月，左一陈乃文、左二大贵族拉鲁老太太、左三办事处工程师余敬德的妻子、尼泊尔人古尔玛丽。

新年大祈愿法会

新年大祈愿法会从藏历新年的第三天开始，一早就人声鼎沸。哲蚌寺的铁棒喇嘛要带着他们的头陀（僧兵）来维持秩序，这时的拉萨处于戒严状态。一般是在午前，哲蚌寺的铁棒喇嘛及成群的信徒穿着华丽的大袍，骑着挂着铃铛的马匹，风卷残云般的冲进城市，俨然一副征服者的神态。他们狂叫着通报他们的到来，斥骂左右两边的路人赶快避开，耀武扬威地骑马走一圈八廓（中环）之后，在大昭寺附近的一个角落下马安营扎寨，开始履行护卫拉萨二十一天的圣职。

五世达赖喇嘛原是哲蚌寺的喇嘛，自然对该寺偏爱有加，他曾颁布特殊命令，任命哲蚌寺喇嘛们负责大祈愿法会期间拉萨的社会治安。这个特殊的使命使哲蚌寺的喇嘛越发不可一世。他们开始执行这个使命时，要举行一场极有趣味的仪式。铁棒喇嘛一就职，就指定另外的两名代表，打扮得跟铁棒喇嘛一模一样，都拿着铁棒(权力的象征物)，向大众宣布他们的权力。由魁梧高大、脸涂烟炱、手持鞭棒的侍从作先导，这两名

他们的装束就像他们的使命一样奇特

代表殿后来到拉萨市政府的门前。政府的大门紧闭，原来的门卫此前已经撤离，十二个市政府的职员站成四人一排，手里拿着帽子，在一堆冒烟的柴堆后面鞠躬，毕恭毕敬地聆听喇嘛们的指示。这两名代表轮流站出来，极其傲慢同时非常戏剧性地用洪亮的嗓音训话，提醒这些政府官员，在大祈愿法会期间维护拉萨的秩序是哲蚌寺喇嘛独家的权力，并告诫俗人包括贵族在内要规矩举止。听完训话，这些市政府的职员马上锁起办公室的门消失得无影无踪，直到大祈愿法会结束，权力才又重新回到他们手里。这两名代表还要去北部的一个山泉再做一番演说，敦促龙神在此重要时期保证供水。第三个讲演是一个流放令，专门发给城市寺庙的一名代表——色拉寺降神的嘎玛沙神灵。第四个训令在另一个泉水边宣布，如此这般，就结束了此番使命。

下面这个嘎玛沙神灵失宠的故事，间接地反映了哲蚌寺与色拉寺的竞争。据说，五世达赖喇嘛以前，一直是这两个寺的喇嘛轮流担当维持大祈愿法会期间拉萨治安的重任。色拉寺的降神巫师嘎玛沙与哲蚌寺的降神巫师乃穷同样受人尊重。这年，轮到色拉寺执政，由于嘎玛沙实在按捺不住对哲蚌寺势力日渐强大的嫉妒，乘哲蚌寺僧侣集会之际，偷偷往他们的一个大茶壶里投了毒。眼看就要丧失几百条性命，乃穷突然感到一种恶兆，就从哲蚌寺向拉萨猛扔了一把刀，砍伤了凶手嘎玛沙的一条腿，这才避免了悲剧的发生，乃穷就这样拯救了大家。大昭寺至今保留着这件事的证据：一根有疤痕的柱子。从那以后，不仅哲蚌寺的喇嘛独揽了大祈愿法会期间保护拉萨的大权，每到此时，还要把嘎玛沙驱逐出拉萨，以防他再次作恶。

为大祈愿法会执勤，可得到很多实际利益。这两个铁棒喇嘛以宗教的名义收商业税、家畜税、娱乐税，还有无处说理的惩罚税。他们每天两次派人出去检查城市的“卫生状况”。因疏忽而有罪的人要当场受到体罚，付罚金便可了结此事。几乎哲蚌寺的每个铁棒喇嘛都会因为大祈愿法会的执勤而摇身一变成为富喇嘛。

从藏历新年的第四天开始，每天要吃六顿圣餐：三顿“稀”(饮茶)，三顿“干”。格鲁派的大住持甘丹墀巴主持早上的第一顿饭。三顿干饭期间，一级神学博士与所有挑战者公开辩论。三顿“稀”饭(茶点)之后，在大昭寺各个殿前向僧众分发布施。

在大祈愿法会期间行布施是积累功德最有效的办法。西藏人认为，这么多聚集在一起的僧众中，必有几位罗汉

（Arhans）、阿修罗（Asuras）和其他佛与人之间的灵媒混在其中，接受他的施舍是特殊的荣幸。清朝时期的皇帝们赠予了寺庙大笔的基金，这些钱一直被经营运转，所得利息都在这时施舍给三大寺及两大密宗学院的喇嘛，还有少数从其他寺院来的喇嘛。管理这笔款项的机构名为“喇嘛财务审计处”。这个审计处负责安排每一位未来的施主为僧侣大会某天或某个时辰发放布施。施主也可以委托审计处代为发放。事实是许多贫穷的喇嘛主要靠基金的赈济款为生，据此可以推知，到底有多少基金的利息用到布施上了。

新年大祈愿法会之后的第一个重要节日，是藏历正月十五的酥油灯节。一大早，就看见沿八廓的内侧架起了三层楼高的木脚手架，就像油田上的钻塔。深夜，用彩色的酥油制成了一幅幅的图画，上有种种吉祥的形状和图案，固定在木架上。顿时，这条街变成了一个露天的喇嘛艺术长廊。夜幕降临时，这个长廊被下面的酥油灯和煤气灯照得灯火通明，达赖和他的全体内阁是第一批应邀前来的观众。他们在音乐和灯光的陪衬下款款而行，细细欣赏。随后便是老百姓蜂拥而入。据说，这个节日源于第五世达赖喇嘛的一个梦，他一定是受了内地人在一年中第一个满月之夜过灯节的影响，有感而发，梦见了佛教仙境的许多美妙而吉祥的场景，他希望能在每年的同一晚上重现这些梦境作为纪念。

在喇嘛教盛行的地区内，最好的酥油雕塑艺术展是在宗喀巴的出生地——青海的塔尔寺（Kum－Bum）。当地人对这天极为重视，只为一个晚上的奢华陈设，要耗费众多艺术家几个月的心血。但不可思议的是，无论是在塔尔寺还是在拉萨，整个活动就像一场梦，必须在黎明前结束。当第一束阳光照耀大地的时候，如此多美丽的造型都必须消失，不留任何痕迹。为的是让大家深刻领会佛教的宗旨，人生不过是昙花一现，空幻如梦，没有更多的意义。

从正月二十二日开始连续六天，拉萨人天天都有大可一看的表演。达赖内阁的俗官加入这场庆祝活动。两名俗官被任命为总司令，率领一支由贵族和旧政府官员组成的中世纪式的骑士队伍。这次活动可以算作他们应尽的义务。这支骑兵是为了针对佛教潜在的敌人而进行的一场虚幻的战争。这支队伍看起来就像他们承担的使命一样奇特，他们身穿全套的铠甲和用羽毛装饰的头盔，全副武装地配备着长矛、弓箭和火枪，上面挂着旗子，就连他们的马匹也披挂着与他们一样的盔甲，在布达拉前的广场上安营扎寨。第一天，两个司令官穿着华丽的汉族服装与其随从人等骑马去哲蚌寺，接受该寺保护神的指示。回到兵营，下达了第二天的作战令后，大家便在漂亮迷人的女郎和身穿丝绸衣服的侍者的侍候下，陶醉在美酒中。

第二天早上是阅兵式。两个司令率领着一千名骑兵，分成左右两翼，穿过沙丘来到拉萨北部的平原。这里前一天晚上突然冒出了一些帐篷。简短的阅兵式开始。四大噶伦和高级俗官就坐在一排帐篷前，他们对面的桌子上摆放着供品，两旁是两名骑在马上穿着盔甲的旗手，他们代表西藏的战神（红、黑保护神卫士）。四名财经学校的学生身着制服，戴着茶托帽，站在离四大噶伦营帐有一段距离的地方。先从右翼开始，传令官呼唤着一支支队伍进入阅兵场，每支都排列成队。这时四个学生便走到四大噶伦面前鞠躬致敬，用清脆如唱歌似的声调汇报：他们已经核点了人头、马数，检查了甲胄武器装备的状况，一切情况良好。一支队伍退场，另一支再入场，如此循环往复。这些古怪的装束，主要演员忙乱地上下场，以及每个细节机械的重复，给人的感觉有点像木偶戏。

但真正精彩的场面被安排在第二天，也就是大祈愿法会的最后一天。清晨，骑兵队伍又增加了几百名步兵，他们都是达赖喇嘛的老卫兵，一下子拥进拉萨。所有的步兵也都披盔戴甲，插着旗子和羽毛，手持盾牌和大刀循序渐进。他们的两边是两列纵队，纵队的士兵每走几步便点燃他们的火枪，发出震耳欲聋的声响。先锋在前，骑兵在后，等到整个队伍进入八廓后，两个司令官才正式开始指挥。他们坐在临时搭起来的指挥台上，接受一堆堆献来的哈达。因为他们要开始一场圣战，所有的亲朋好友都前来助威，预祝旗开得胜。

小憩片刻，两个司令和他们的副官走到大昭寺门前，向达赖喇嘛行拜倒礼。随后步兵上场献上一种古老的战舞。最后，两个司令官及其随从率领全体骑兵组成队列，在枪声和欢呼声中绕八廓一周。

大昭寺内，达赖喇嘛的私人寺院那木杰（Nam - Gye）的喇嘛，和哲蚌寺密宗学院的喇嘛正在举行两个佛事活动。这两场仪式称为托佳（Tor - Gya），是西藏人似乎永远看不够的仪式——惩治恶魔。接近尾声时，两队喇嘛每人手持一面鼓从两个不同的门走出来，后面跟着打镲的堪布，也就是指挥者。每个队尾都有人举着一个放着巨大的骷髅造型的台子，台子用油漆画着象征燃烧中的火堆的图案，各队的堪布在骷髅像前跳一种神秘的舞蹈。然后，先由几十面旗帜领头，每面旗代表一位神灵。这两队喇嘛慢慢地合成一队，向南郊走去。他们的后面是神灵附体的乃穷巫师、他的随从，以及甘丹墀巴和十六位一级神学博士。在快到郊区的路上，立着两垛柴堆，乃穷向柴堆射出一箭，此时神灵马上离他而去，他随即晕了过去，被匆匆忙忙地抬到轿子上送回。柴堆立刻被点燃，在步兵一排一排的枪声中，骷髅像被扔到了火里。随后，停放在林廓上的两门旧式大炮向河对岸的一座山丘上连发三炮，那儿有一顶黑帐篷和一只拴在帐篷里的黑羊，这是恶魔的象征。伴着大炮的轰鸣，两个司令和上千名武士冲向柴堆，骷髅已被烧尽，敌人被彻底打垮了。士兵返回来再匆匆地绕八廓一圈，在呐喊声欢呼声中，他们互相传递战胜佛教宿敌的消息，圣战结束了。

虽然消灭了敌人拯救了世界，但仍未到庆祝的时候。次日破晓，一支游行队伍还要通告佛祖下一次的降临，佛祖的画像被放在牛车上绕八廓展示一圈，然后才是普天同庆的时刻。到处是各种竞技活动，摔跤、举重、竞走、赛马，一片欢乐的景象。庆典结束后，两万名喇嘛结束了他们的最后一次祈祷，与哲蚌寺的铁棒喇嘛一起四下散去，离开拉萨，又回到每日循规蹈矩的生活。

俗人的庆祝活动还要再延续两天。第一天，司令率领骑兵在布达拉北面的广场上向俗官表演他们的骑术和箭术。约三百英尺长的跑道上竖起两个相距九十英尺的靶子，一名骑兵从跑道的一端疾驰而来，用火枪射击第一个靶子，然后迅疾地把枪背在肩上，取出弓箭射向第二个靶子。第二天的节目是先由优秀选手射箭比赛，然后，所有的俗官都加入射靶比赛。最后，在美酒和赞歌声中曲终人散。

伟大的宗教改革家宗喀巴亲自创立了新年大祈愿法会，那些世俗的庆祝活动无疑是后来的蒙古人所增加的，从蒙古式的服装、礼仪和摔跤方式上都可以清楚地看到这一点。

打鬼节

一名博学的藏学专家告诉我们，大祈愿法会来源于古印度，当初是为了纪念释迦牟尼征服了所有的异端而举行的活动。本来持续十五天，后来宗喀巴附加了新的内涵才延长至二十一天。因为曾有佛教徒相信，由于释迦牟尼接受妇女和下等人为信徒，使佛教的寿命缩短了五百年。宗喀巴带领格鲁派建立三大寺以后，在大昭寺献给释迦牟尼一顶王冠（加顶）作为报答，并延长了大祈愿法会的时间，希望借此补足佛教损失掉的五百年。

大祈愿法会与打鬼节之间相隔二十天左右，打鬼节的藏语为丛措(Tshom – Ch’o 集会活动)。规模小于大祈愿法会，是著名的摄政桑结嘉措（Sang – Gye Gyam – Tsho）建立的节日，意在纪念五世达赖喇嘛。从藏历二月十九日开始持续十二天。前一天，哲蚌寺的喇嘛们也要在拉萨举行一次威武的游行，宣言与仪式也与大祈愿法会相同，只是参加的喇嘛要少些。仪式间自始至终公开辩经的神学博士是二级博士。但有一个重要变化：就像格鲁派的创始人宗喀巴在世时一样，甘丹墀巴在大祈愿法会时是一个守护神，但在打鬼节上，他只是僧侣大众中的一分子。

打鬼节最大的意义又是惩罚恶魔，但这次被讨伐的是个历史人物。据说，赤松德赞时期的一位大臣是魔鬼的化身。他不但在有生之年作恶多端，死后仍造孽不断；他在阳间复活，并执意要毁灭佛教。由于时过境迁，近来这个被惩罚的人名已换成其他反叛正道、终受惩罚的恶魔的名字。而且每年的这个时候，要处罚的是两名而不是一名替死鬼。

打鬼节的前几天，总有两个恶魔降临到拉萨。他们是普通的有血有肉的西藏人，是为了尽义务而扮演恶魔的。他们穿着朴素的衣服，戴着茶托帽，每人有一个小侍从。这个侍从背着一个黄布包袱，手持一根鞭子，后面跟着一只白狗以显示侍从的身份。这两个恶魔挨门逐户地讨“酒钱”，而且在拉萨只用半价买到每天的口粮。有时，他们拿着一根毛茸茸的牦牛尾巴，这是一个特别令人恐惧的东西。据信，只要他们用这根牛尾对谁轻抽一下，就足以给这个人的后半生带来无穷的厄运。

古老的密宗学院居麦（Gyu – Me）动员了一切力量来惩罚恶魔。喇嘛们要用七天的时间来练习最恶毒的咒语，每天绕着一个注入酒的骷髅，边走边向骷髅吐唾沫，直到惩罚的那天。这个被叫做“迷惑水”的酒，是专为这两个恶魔准备的。这一天，他们的脸被画成一半黑、一半白，穿着羊皮，帽子上装饰着红旗。他们一手持魔杖，另一只手拿着那支可怕的牦牛尾巴，身上一边挂着一杆秤，另一边悬着一个量杯。这两样东西象征着他们对物质世界的统治权。他们以挑衅的姿态走向大昭寺，路上他们一边跳舞，一边呼唤着所有的魔鬼部族前来观看他们与西藏的这场赌注。他们挑衅宁玛派的代表与他们掷骰子决定西藏的命运，如果赢了，他们就可以在西藏为所欲为；如果输了，他们同意离开，明年再来。僧人接受了这个挑战，这

神灵附体的西藏首席巫师乃穷。每隔十二年他都要宴请拉萨及附近的主、次巫师。

场赌博就在达赖喇嘛和西藏地方政府代表的监督下进行。我们听说，过去确实有人想在赌博中讲诚信，但那时用的骰子和现在一样，是骗人的工具。因为僧人用的是注定胜利的骰子，它的六面都是“6”点，而恶魔用的骰子所有的面上都是“1”点。但过去这两个骰子的每一面都在角上标明了这面的真实点数，监赛人每次都要秘密上报真实的结果。后来，十三世达赖下令除掉角上的点数。从此以后，尽管恶魔每年都来挑战，宁玛派僧人总是大获全胜。

就在西藏取得胜利的那一刻，大昭寺开始举行打鬼仪式。从大昭寺出来一支队伍，照例有恶魔像、居麦（Gyu－Me）的喇嘛、乃穷寺那位西藏的首席巫师、格鲁派的主持人甘丹墀巴和新神学博士。在南郊，恶魔像被放在柴堆上燃烧时，两个强壮的喇嘛抓住那两个恶魔的衣领，把他们赶出拉萨。一个驱逐到南郊，一个驱逐到北郊，就连回头向拉萨望一眼都不允许。街上的人群拍手喝彩，吹口哨，往恶魔身上吐唾沫。稍有同情心的人，把钱卷在纸里连同自己的指甲、头发和旧衣服一块扔给他们，希望他们把厄运一起带走。恶魔的小侍从忍气吞声地捡起一切东西，兜在围裙里。被赶向南方的恶魔就去了桑耶寺，被赶出北方的则去了澎波（Phon－Po）河谷。人们相信他们带走了西藏一年的晦气，将万劫不复。而事实上，他们的流放不过二十一天。

打鬼节以藏历二月最后一天的大游行为结束。清晨，一列色彩缤纷的长队从大昭寺出发绕着弯慢慢地向布达拉走去，与前面所提到的任何一支队伍都不一样，这是一支充满了佛教徒精神和物质财富的长队：从法幢、华盖、香炉、灯、花、佛教祭祀器皿、佛教乐器，到戴假面具的舞者、鼓手、密宗和显宗的喇嘛及大象，五花八门应有尽有。就像五世达赖忠实的摄政桑结嘉措所著的书中记载的那样，这象征着所有属民对五世达赖喇嘛的奉献。这个队伍有一英里长，队首到达布达拉后，一张巨幅佛像被二十个人用临时搭起来的滑轮挂在布达拉的正面墙上。画上是现世和来世的佛祖，在数英里外就能看到。整个队伍在画像的下面经过，转而向北回到大昭寺，这最后的典礼被称为“升起喇嘛”。

所有的仪式结束了，喇嘛四下散去，拉萨迎来了春天的气息。新年的这两个仪式正好在一年中最糟糕的季节沙尘暴时期举行。拉萨人称这时的风为“喇嘛风”，因为这股风和喇嘛是同时来到拉萨的，这些沙尘暴总是准确无误地预报春天的到来。到了打鬼节的尾声，沙尘暴的狂怒已平息，此时树木吐出了绿芽，田野开始返青。拉萨人舒畅地沐浴着温暖的阳光，欣慰自己顺利地度过了年关，完全有理由期待另一个和平而昌盛的年头了。

译　　后

翻译这本书是出于对爸爸的思念，同时也是为了解开一个谜。整理爸爸遗物的时候发现了一包厚厚的书稿，显然是用家里那台古老的打字机打出来的，我隐约地感到这就是那本影响了爸爸后半生的书。他从未向我们提到过这本书，我们也像躲避一块伤疤一样从未问过他。记得我在中国国际旅行社工作时陪团去西藏以及在西德留学期间，经常碰到对西藏感兴趣的外国人。为了显示我家与西藏有点关系，常依据奥地利人海因里希·哈勒所著的《旅藏七年》，说作者在书中提到我爸爸，他们常在一起打网球。可直到今天才知道，《西藏与西藏人》于一九五三年在美国斯坦福大学出版，与《旅藏七年》的出版同年。 爸爸写的这本书以人们易于接受的文学方式向国外对西藏感兴趣的人们传播了中国人对西藏的观点，曾被许多著作引作参考书。正是五年间在西藏与西方人的接触，使爸爸深知当时西方人的想法以及世界对西藏问题的舆论趋势，认为自己有责任和义务，向西方主持的西藏论坛发出中国人的声音，于是就出现了这第一部中国人用英文撰写的作品，向世界介绍西藏社会和历史的《西藏与西藏人》。

看着眼前这台跟随了爸爸半个多世纪的古老打字机，我回想起文革时期，谢冰心、吴文藻跪在民院宿舍的小操场上，面前摆着一地从他们家抄出来的东西，一名红卫兵指着一台英文打字机批判："……就连打字机也是外文的"。听到这儿，我的心里一惊，赶快跑回家，把这台英文打字机藏了起来。但这也没能使爸爸幸免于难，他在美国出版了《西藏与西藏人》自然是罪过之一，特别是美国后来擅增的标有麦克马洪线的地图，叫人有口难辩。"为什么用英文写而不用汉文写？"在当时可是个原则性问题。爸爸精心挑选，长途跋涉带回来的藏银首饰被抄走了，挖掉了宝石化成了银没收了。他们认为银子才是这些精美工艺品的真正价值。许多像片丢失了，还有在印度买的胶制唱片，上面记录着经典的西藏民歌、舞蹈乐曲和藏戏，其中还有唐朝文成公主带到西藏的《龟兹乐》也不见了，特别是三本日记，上面记录了爸爸在藏五年期间的点点滴滴，本来是能够由此写出多部精彩故事的宝贵资料，却再也找不着了。

这本书就像一幅幅古老的画面，带我追踪到爸爸当年的足迹。书中详细地记载了西藏的情况，用美妙的神话传说引出了漫长的历史，解读玄妙的佛学哲理，描绘具有特色的多姿多彩的民俗文化，我从中看到了他对西藏与西藏人深厚的爱。

翻译这本书是我对爸爸的一种补偿。可能是由于家族的长寿遗传基因，我一直坚定固执地认为爸爸会成为百岁老人，以至于他生前的许多要求都成了奢望，我愚蠢地安排他慢慢地享受生活。或许是由于我太缺乏医学常识，天真地以为死亡是轮椅生活、失去知觉、奄奄一息的结局。当被告知他已停止呼吸时，宁愿相信这是一场误会。十天前他还在家里谈笑风生，即使在病床上他仍下意识地和我掰手腕，双臂老在用劲试图坐起来呢。还有那犀利的目光，清醒的头脑，如此强大的生命力怎么可能瞬间即逝？在太平间外哭了一小时后，我又冲了进去，为了确认这是真的。我们还有那么多的话没说，那么多的事没做呢！

爸爸一生淡泊名利，洁身自好，认真治学。遇到不公平的待遇和挫折，他都以豁达的态度和极高的修养一一化解，永远保持平静的心态。因为从小在杭州长大，他热爱鲜花和大自然。春天的玉兰，秋天的红叶，冬天的水仙，寄托着他高雅的生活品味。对文学戏剧和体育的爱好，蕴藏着他广博的生活情趣。对饮食起居极少挑剔，从不说坏，难得说好。一生极爱清洁，随身老有两三块手帕，各有用途。在住进医院身上插满管子之前，一直坚持到厕所如厕。所有的东西整洁而有序，从不丢三落四。一生节俭，嘱咐用省下来的钱，帮助那些需要的家人。父亲对我们兄妹的关爱，榜样多于说教，凡事只提建议，使我们学会独立自主，对自己的行为负责。他传给我们的为人处事的准则使我们受益终生。

爸爸对人生有着睿智的眼光。早在十年前他就看到了缺水和老龄化，今天都验证般地成为了迫在眉睫的社会问题。文革后期，几乎每个家长都在挖空心思找门路，为自己的返城子女找工作。爸爸对我说，作为一介书生，他没有任何后门，但坚信总有一天机会属于那些具备条件的人。遵循着这个教导，我努力学习，恢复高考后，上了大学，后又去西德留学，用自己的努力改变了人生的道路。

爸爸很少讲到自己，关于他的许多事情我也是慢慢才知道的。他还在上海读书的时候，在旧书摊上发现了斯诺著的《红星照耀下的中国》，从此萌发了当记者的愿望。他当年选择去西藏，就是想借机将这个“世外桃源”介绍给全世界。虽然他最终没有成为记者，却做了一些记者当年都未能做到的事情：用柯达微型摄影机拍下了有关西藏政府要人、宗教节日、生活习惯、风景民俗的纪录片，后寄给了在美国的沈宗濂先生，现存英国影视资料馆。这些珍贵的历史照片作为当年的写照，至今频繁地出现在各类出版物中。1947 年热振事件后，他不满国民党当局未公开支持热振的暧昧态度，秘密地给上海报刊投稿，及时地让内地人民了解到事情的真相。此举触痛了西藏亲英派贵族及英国人，他们一再给蒙藏委员会施压，这也是他辞职离开西藏的原因。

爸爸虽然出生在风景秀丽的杭州，求学于花花世界的上海，但当他踏上西藏土地的那一刻，就被西藏那庄严雄伟的河山、神圣安详的寺庙和虔诚朴实的人民吸引住了。新中国成立后，毅然携家眷从印度回国，为祖国服务，这种深厚的爱国情结伴随着他的终生。他用毕生的精力从事西藏问题的研究，为维护祖国的领土和尊严,为还历史的本来面目而著书立说。他常说,不能白吃老百姓的小米,要回报社会。直至入院的前一天,他还在用颤抖的双手反复修改文章,筹划着把自己的书稿留给需要的人。 除了他生前发表的论著外，至今家里保留着爸爸未出版的、有关西姆拉会议的书稿和一些回国前收集的珍贵的外国地图，可见他早在四十年代就已着手准备驳斥麦克马洪线的证据，致力于捍卫国家领土主权。西藏,是他一辈子魂牵梦绕的地方。

爸爸终生信奉自力更生，从不麻烦别人，我和哥哥在他九十五年的生涯中,只尽了半年日夜看护的义务;到医院才十天,他就再也不麻烦我们了。“静悄悄地来,静悄悄地去,走后为我种棵银杏树。”爸爸三言两语总结了他的一生。他身前身后都没有任何特别的要求,他做了他应该做的事,最后留下一片绿,就这么安详地走了。

爸爸的一生,令人尊敬,让我自豪。

两年来，我们一直请嘉乐顿珠先生和在美国的邢步有先生寻找沈先生的后人，以便商量翻译和出版此书的事宜，但一直没有音讯。

翻译这本书的过程就像是一番历练，首先，我的第一外语是德语,英语是第二外语。其次我对西藏的认识非常有限,只知道西藏有许多喇嘛。通篇英语中的许多专有名词,历史人物,佛教术语要查阅许多书籍和资料才能找到相应的中文，有时仍然不知所云。开始时,我常常是做了两个小时以后才能把心静下来,真正进入书中的内容。正是这个过程磨炼了我,学会淡看人生,在大彻大悟之后懂得了回报和宽容。

在此衷心地感谢邓锐龄先生对我的理解和帮助，投入大量的时间精力审稿，不但确保翻译忠实于原文，还弥补了我对西藏宗教和历史的无知。感谢母亲陈乃文，以亲身经历解读出隐藏在字里行间的当年的西藏民俗和生活习惯。感谢张盈盈女士校对、打印书稿。感谢胡岩教授慷慨拿出在英国购买的藏书供我们使用。感谢我的先生李丹柯及兄长柳晓明全力从旁协助。感谢中国藏学出版社大力帮助出版此书。

柳晓青

2006 年 6 月 8 日

图书在版编目(CIP)数据

西藏与西藏人/沈宗濂,柳陞祺著.—2版.—北京:
中国藏学出版社，2014.5(2024.6重印)

ISBN 978-7-80253-703-3

Ⅰ.①西… Ⅱ.①沈…②柳… Ⅲ.①西藏-概况 Ⅳ.①K927.5

中国版本图书馆CIP数据核字(2014)第074336号

西藏与西藏人

作　　者　沈宗濂　柳陞祺
译　　者　柳晓青
审　　订　邓锐龄
出版发行　中国藏学出版社
印　　刷　北京隆昌伟业印刷有限公司
印　　次　2014年5月第2版　2024年6月第2次印刷
开　　本　640×965毫米　1/16
印　　张　16.75
字　　数　203千
印　　数　5001—8000册
书　　号　ISBN 978-7-80253-703-3/K·378
定　　价　38.00元

图书若有质量问题,请与本社联系
E-mail:dfhw64892902@126.com　　**电话:**010-64892902